의사소통능력

새내기 직장인의 이럴 때는 이렇게!

최애경

KNOWLEDGE COMMUNITY 공동체

머리말

오늘날 국가, 사회, 기업에서 요구하는 인재상이 직업적 소양을 갖춘 직업인이라는 점에서 직무수행의 근간이 되는 의사소통능력을 갖추는 것은 매우 중요하다. 직업기초능력에서 요구하는 의사소통능력은 사회생활에 필요한 원만한 인간관계를 유지하고 직장에서의 업무성과를 높이는 데 필수적인 요소이다.

이 책은 우리나라의 직업인들에게 공통적으로 요구되는 10가지 직업기초능력 중의 하나인 의사소통능력에 대한 교재이다. 효율적인 의사소통에 대해 정확한 지식을 가지고 학교와 직장에서 사용할 수 있는 구체적인 의사소통 기법들을 전달할 수 있는 실무적인 내용을 담았다. 의사소통의 유형과 의사소통 향상을 위한 구체적인 기법을 문서이해능력, 문서작성능력, 경청능력, 의사표현능력 및 기초외국어능력으로 구분하고 구체적인 사례들을 통해 기법을 향상시키도록 하였다.

이에 따라 NCS 직업기초능력의 하위능력 중 의사소통능력 학습모듈의 학습목표와 주요 내용을 반영하였다. 의사소통능력의 능력단위요소인 문서이해능력, 문서작성능력, 경청능력, 의사표현능력, 기초외국어능력에서 요구하는 부분을 최대한 반영하여, 의사소통능력의 기초적이고 전반적인 내용을 학습하도록 구성하였다.

구체적으로 1장 의사소통능력에서는 의사소통의 개념, 의사소통의 목적과 기능, 의사소통의 유형, 직장생활에서의 의사소통을 다루었고, 2장 효율적 의사소통에서는 비효율적인 의사소통, 효율적인 의사소통 기술에 대해 소개하였고, 3장 문서이해능력에는 문서이해능력의 이해, 문서의 종류에 대해 기술하였다. 4장 문서작성능력에서는 문서작성의 이해, 문서작성의 실제에 대해 소개하였고, 5장 올바른 글쓰기에서는 글쓰기의 중요성, 좋은 글이란 무엇인가? 글쓰기의 구성, 저작권 바로 알기, 6장 경청능력에서는 경청의 개념, 효과적인 경청방법을 소개하여 새내기 직장인들이 경청능력을 향상시킬 수 있도록 하였다. 7장 의사표현능력에서는 의사표현의 이해, 효과적인 의사표현 기술, 상황과 대상에 적합한 의사표현 방법을, 8장 직장에서의 말하기에서는 직장에서 이루어지는 회의, 보고, 행사, 전화통화, 다양한 장면에서 이루어지는 인사말을 다루었다. 그리고 9장 프레젠테이션과 면접에서는 취업준비생과 직업인을 위한 프레젠테이션과 실전에 대비할 수 있는 실전 면접에 대해서 알아보았다. 10장 기초외국어능력에서는 기초외국어능력의 이해, 외국인과의 비언어적 의사소통, 외국인과의 의사소통에서 피해야 할 행동, 기초외국어능력 향상을 위한 학습방법을 소개하여 외국어 공부를 위한 동기를 이끌어 내려 하였다. 그리고 11장 의사소통 향상을 위한 '나' 돌아보기에서는 자기이해, 문장완성검사, 자서전 쓰기 등을 통하여 자신의 의사소통능력을 점검하고 향상시키기 위한 방법을 모색하고자 하였다.

이 책은 의사소통능력에 대한 이론뿐만 아니라, 실생활에서의 다양한 의사소통 실제를 담고 있기 때문에 대학생들이나 예비 직업인들이 향후 직장에서 경험하게 될 다양한 의사소통 상황에 따른 문제해결능력을 키우는 데 도움을 줄 것으로 기대한다.

2023. 2.

최애경

차 례

CONTENTS

제9장 프레젠테이션과 면접

제10장 기초외국어능력

제11장 의사소통 향상을 위한 '나' 돌아보기

Outro : 자신의 의사소통능력 알아보기 – 사후평가

자신의 의사소통능력 알아보기 - 사전평가

Intro

Intro : 자신의 의사소통능력 알아보기 – 사전평가

다음은 모든 직업인에게 공통적으로 요구되는 의사소통능력 수준을 스스로 알아볼 수 있는 체크리스트이다. 본인의 평소 행동을 잘 생각해 보고, 행동과 일치하는 것에 체크해 보자.

1. 사전평가 체크리스트

문 항	그렇지 않은 편이다	보통인 편이다	그런 편이다
1. 나는 의사소통능력의 종류를 설명할 수 있다.	1	2	3
2. 나는 의사소통의 중요성을 설명할 수 있다.	1	2	3
3. 나는 의사소통의 저해요인에 대하여 설명할 수 있다.	1	2	3
4. 나는 효과적인 의사소통개발 방법을 설명할 수 있다.	1	2	3
5. 나는 문서이해의 개념 및 특성에 대하여 설명할 수 있다.	1	2	3
6. 나는 문서이해의 중요성에 대하여 설명할 수 있다.	1	2	3
7. 나는 문서이해의 구체적인 절차와 원리를 설명할 수 있다.	1	2	3
8. 나는 문서를 통한 정보 획득 및 종합 방법을 설명할 수 있다.	1	2	3
9. 나는 체계적인 문서작성의 개념 및 중요성을 설명할 수 있다.	1	2	3
10. 나는 목적과 상황에 맞는 문서의 종류와 유형을 설명할 수 있다.	1	2	3

11. 나는 문서작성의 구체적인 절차와 원리를 설명할 수 있다.	1	2	3
12. 나는 문서작성에서 효과적인 시각적 표현과 연출방법을 안다.	1	2	3
13. 나는 경청의 개념 및 중요성을 설명할 수 있다.	1	2	3
14. 나는 경청을 통해 상대방 의견의 핵심내용을 파악할 수 있다.	1	2	3
15. 나는 올바른 경청을 방해하는 요인들과 고쳐야 할 습관을 알고 있다.	1	2	3
16. 나는 대상과 상황에 따른 경청법을 설명할 수 있다.	1	2	3
17. 나는 정확한 의사표현의 중요성을 설명할 수 있다.	1	2	3
18. 나는 원활한 의사표현의 방해요인을 알고, 관리할 수 있다.	1	2	3
19. 나는 논리적이고 설득력 있는 의사표현의 기본 요소 및 특성을 안다.	1	2	3
20. 나는 기초외국어능력의 개념 및 중요성과 필요성을 설명할 수 있다.	1	2	3
21. 나는 비언어적 기초외국어 의사표현에 대해 설명할 수 있다.	1	2	3
22. 나는 기초외국어능력 향상을 위한 교육방법을 설명할 수 있다.	1	2	3

출처 : 한국산업인력공단(2016b). 의사소통능력 학습자용 워크북, p. 7.

2. 평가방법

체크리스트의 문항별로 자신이 체크한 결과를 다음 표에 기록해 보자.

문 항	수 준	개 수	학습모듈
1~4	그렇지 않은 편이다.	(　　)개	의사소통능력
	그저 그렇다.	(　　)개	
	그런 편이다.	(　　)개	
5~8	그렇지 않은 편이다.	(　　)개	문서이해능력
	그저 그렇다.	(　　)개	
	그런 편이다.	(　　)개	
9~12	그렇지 않은 편이다.	(　　)개	문서작성능력
	그저 그렇다.	(　　)개	
	그런 편이다.	(　　)개	
13~16	그렇지 않은 편이다.	(　　)개	경청능력
	그저 그렇다.	(　　)개	
	그런 편이다.	(　　)개	
17~19	그렇지 않은 편이다.	(　　)개	의사표현능력
	그저 그렇다.	(　　)개	
	그런 편이다.	(　　)개	
20~22	그렇지 않은 편이다.	(　　)개	기초외국어능력
	그저 그렇다.	(　　)개	
	그런 편이다.	(　　)개	

3. 평가결과

진단방법에 따라 자신의 수준을 진단한 후, 한 문항이라도 '그렇지 않은 편이다'가 나오면 그 부분이 부족한 것이기 때문에, 관련된 학습내용을 교재에서 참고하여 학습한다.

CHAPTER 01

의사소통능력

의사소통능력은 직장생활에서 문서를 읽거나 상대방의 말을 듣고 의미를 파악하고, 반응하고, 자신의 의사를 정확히 표현하는 능력이다. 또한 외국어로 된 간단한 자료를 이해하거나 외국인과의 간단한 의사표시를 이해하는 능력을 의미한다. 직장인들이 개인이나 조직 간에 원만하게 관계를 유지하고 업무성과 향상을 가져오기 위해서는 최소한의 의사소통능력은 필수적이다.

CHAPTER 01

의사소통능력

학습내용

제1절 의사소통의 개념

제2절 의사소통의 목적과 기능

제3절 의사소통의 유형

제4절 직장생활에서의 의사소통

학습목표

1. 의사소통의 개념과 필요성을 설명할 수 있다.
2. 의사소통의 목적과 기능을 설명할 수 있다.
3. 의사소통의 유형을 설명할 수 있다.
4. 직장생활에서 이루어지는 의사소통에 대해 설명할 수 있다

주요 용어

의사소통, 의사소통의 개념, 의사소통의 목적과 기능, 의사소통의 유형, 직장생활에서의 의사소통

1. 의사소통의 개념

의사소통(communication)이라는 말의 어원은 '공유한다', '함께 나눈다'라는 뜻을 가진 라틴어 'communicare'이다. 명사형은 'communis'이고 '함께 나눔' 또는 '함께 나누는 사람들'이라는 뜻이다. 공동체(community)와 공산주의(communism), 상식(common sense)도 같은 어원에서 유래되었다. 이처럼 의사소통의 원래 의미는 메시지를 상대방에게 전달하기보다는 어떠한 경험을 함께 한다는 뜻에서 출발하였다(김주환, 2011).

의사소통은 상징적 매개물을 사용하여 정보와 의사를 교환하고 서로의 행동에 영향을 미치는 상호교류의 과정을 의미한다. 일반적으로 의사소통은 두 사람 또는 그 이상의 사람들 사이에서 의사전달이 이루어지는 과정이다. 개인 또는 집단 간에 생각, 의견, 신념, 감정, 태도, 정보 등을 전달하고 받아들이는 상호교류하는 행위로 볼 수 있다. 일반적으로 의사소통보다는 커뮤니케이션이라는 말을 많이 사용하는데, 이는 의사소통과 같은 의미이다. 상대에게 내가 생각하는 것을 효과적으로 전달하기 위한 과정이다.

일반적으로 의사소통은 다음의 특성을 가진다.

첫째, 의사소통은 최소한 두 사람이 필요하다. 의사소통은 두 사람 혹은 그 이상으로 이루어진 집단이나 조직 속에서 이루어진다.

둘째, 의사소통에서 우리는 화자임과 동시에 청자이다. 대개 의사소통이 이루어질 때 우리는 말도 하고 동시에 듣는 역할도 한다.

셋째, 의사소통은 대부분 얼굴을 보고 이루어진다. 편지와 문서, 이메일이나 메신저 등을 통해서도 의사소통이 이루어지지만 얼굴을 마주 보며 서로 생각을 주고받는 면대면으로 이루지는 것이 일반적이다.

넷째, 의사소통은 맥락 속에서 이루어지고 영향을 받는다. 의사소통이 이루어지는 상황 속에서 의사소통은 의도적이거나 비의도적으로도 이루어질 수 있다. 의사소통이 이루어지는 시간과 분위기, 상대에 따라서 때로는 생각지도 못한 방향으로 의사소통이 진행될 수 있다.

다섯째, 한 번 이루어진 의사소통은 되돌릴 수 없다. 이미 말한 것이나 행동한 것은 취소할 수가 없다. 쏟아버린 물처럼 한 번 나온 말이나 행동은 돌릴 수 없다. 이런 측면에서 볼 때, 의사소통을 잘하는 것은 말하는 사람이 정보를 정확히 전달하고, 듣는 사람은 말하는 사람의 말을 정확히 알아듣는 것을 뜻한다.

2. 의사소통의 목적과 기능

1) 의사소통의 목적

소통의 부재가 큰 사회적 문제로 대두될 만큼 "말이 안 통해"라는 말을 주변에서 심심찮게 들을 수 있다. 자기 주장만 내세우거나 남의 말을 듣지 않고 자기 이야기만 줄기차게 하는 사람 옆에는 친구가 없다. 우리가 의사소통을 하는 궁극적인 이유는 의사소통을 하지 않고는 살아갈 수가 없기 때문이다. 인간은 사회적 동물이다. 의사소통은 일상생활을 유지하는 수단이며, 삶의 중요한 부분이다. 이러한 측면에서 의사소통의 목적은 다음과 같다.

첫째, 우리는 자신과 다른 사람, 주변 상황과 세계를 알고 배우기 위해서 의사소통을 한다.

둘째, 타인과 관계형성을 위해 의사소통한다. 대화를 나누면서 서로 간에 마음을 나누고 그 과정에서 유대관계를 맺는다. 소통을 통해 사회적인 접촉을 가능하게 함으로써 인간의 사회적 소속 욕구 충족을 가능하게 한다.

셋째, 의사소통 과정에서 집단과 개인에 정보를 전달함으로써 의사결정의 역할을 한다.

넷째, 좌절이나 만족 같은 감정을 표현하게 함으로써 스트레스를 해소할 수 있게 한다.

다섯째, 타인에게 영향력을 미치기 위해 의사소통한다.

여섯째, 타인과 놀이를 하거나 즐기기 위해 의사소통한다.

일곱째, 타인을 돕기 위해 의사소통한다.

Plus Point **소통의 ABC 법칙**

- Approach(접근하기)
  어떻게 상대방을 존중하면서 접근할 것인가? 항상 먼저 적극적으로 다가가되 낮은 자세를 유지하자. 거기에 밝은 미소와 상냥한 말투까지 곁들이면 만나는 사람들이 좋아할 것이다.
- Building bridge(다리놓기)
  어떻게 상대방과 관계를 구축할 것인가? 관계 구축은 소통의 목적이다. 서로의 공통점과 신뢰라는 튼튼한 기반이 만들어져야 다리가 무너지지 않는다.
- Customize(눈높이 맞추기)
  어떻게 상대방과 눈높이를 맞출 것인가? 상대방이 무엇을 원하는지 조금만 생각한다면 상대방을 만족시키는 방법을 아는 것은 결코 어려운 일이 아니다.

출처 : 윤영돈(2015). 기획서마스터, p. 31.

2) 의사소통의 기능

의사소통은 다음과 같은 네 가지 주요한 기능을 수행한다(조경덕 · 장성화, 2012).

(1) 통제

통제는 의사소통을 통해 구성원들의 활동을 통합하고 조정하는 것을 의미한다. 직무와 관련하여 구성원들의 책임과 권한을 명확히 규정하는 것과 관련된다. 즉, 통제를 통해 의사소통 과정에서 해야 할 행동을 규정하고, 하지 말아야 할 행동을 제한한다.

(2) 동기 부여

동기 부여는 구성원들을 자극하고 격려하며 집단목표 달성에 몰입할 수 있도록 한다. 즉, 다른 사람에게 자신의 생각을 표현함으로써 상대방의 가치관과 생활방식 등에 영향을 미칠 수 있다. 의사소통을 통해 구성원들에게 행해져야 할 것이 무엇이고, 그것이 어떻게 잘 행해질 수 있으며, 또 성과를 높이기 위해서 무엇이 행해질 수 있는지를 분명히 하는 것을 의미한다.

(3) 감정 표현

의사소통을 통해 구성원들의 욕구 불만과 만족감이 표출됨을 의미한다. 집단은 사회적 상호작용이 일어나는 일차적인 장이며, 집단 내에서 이루어지는 의사소통은 감정 분출과 사회적 욕구 충족의 수단이 된다. 즉, 의사소통을 하면서 자신이 가지고 있는 감정을 상대방에게 표현함으로써 공감하고 자신의 감정도 이해한다.

(4) 정보 제공

구성원들이 의사소통을 통해 의사결정 과정에 참여하고, 필요한 정보와 자료를 교환하는 것을 의미한다. 즉, 자신의 생각과 감정을 상대방에게 표현하면서 상대방이 모르고 있던 정보를 제공하는 것이다.

3. 의사소통의 유형

1) 언어적 의사소통

사람들은 보통 하루에 평균 1만 8천 개 이상의 단어를 말한다고 추정된다. 사람이 말하는 모든 단어는 언어적 의사소통으로 이루어진다. 언어를 통해서 의사소통을 하는 방법은 가장 오래된 것이다. 인간의 의사소통 형태 중 가장 기본은 대화이고, 그 가운데 가장 중요한 요소가 말이다. 의사소통에서 말이 전달하는 메시지의 내용은 약 7% 정도밖에 되지 않지만, 말은 의사소통의 핵심이다.

사람은 공식적이든 비공식적이든 간에 언어를 수단으로 하는 의사소통으로 75%의 시간을 자신의 일생에서 사용한다. 언어적 의사소통은 음성이나 부호를 상징화하여 언어나 문자로 정보를 전달하는 것이다. 언어를 통한 의사소통은 말, 대화, 토론, 이야기 같은 구어적 방법과 문서, 글, 편지 같은 문서적 방법이 있다. 언어적인 의사소통은 대화를 통해 상대방의 반응이나 감정을 살필 수 있고 그때그때 상대방을 설득할 수 있으므로 융통성이 있다.

2) 비언어적 의사소통

비언어적 의사소통은 비언어적 방법으로 자신의 의사를 표현, 전달하는 것이다. 몸동작, 얼굴 표정, 자세 등의 신체의 동작, 즉 신체 언어로 자신의 의사나 감정을 전달하고 타인의 의사도 확인할 수 있다. 실제로 의사소통 과정에서 언어적 내용보다 비언어적 행위가 메시지를 전달하는 데 더 결정적 역할을 할 때가 많다. 비언어적 의사소통은 단순히 언어의 보조수단이 아니다.

똑같은 말을 하더라도 상대방이 활짝 웃고, 미소를 지으면서 긍정적으로 말할 때 상대방에 대한 호감도와 친밀도가 상승한다. 대화가 이루어질 때 고개를 끄덕이거나 확신에 찬 태도로 말하는 것은 메시지의 전달뿐만 아니라 신뢰도까지 끌어올릴 수 있다. 이러한 비언어적 의사소통의 유형으로는 직접적인 소통수단인 몸짓, 손짓, 얼굴 표정, 시선처리, 자세, 신체적 접촉뿐만 아니라 웃음, 울음, 하품 등을 포함한 모든 신체적 표현 외에 그림, 사진, 도형이나 기호, 만화까지 폭넓게 포함된다.

일상생활에서 사람들이 의사소통을 할 때, 언어적 요인은 7%에 국한된다. 말의 속도, 높낮이, 크기와 같은 음성 요인은 38%, 자세나 태도가 20%, 표정이 35%라고 한다. 사람의 인상을 연구한 미국의 유명한 심리학자인 앨버트 메르비안에 따르면 시각적 요인은 55%의 영향력을 가진다. 의사소통 과정에서 전체의 93%가 비언어적인 요인으로 이루어진다는 것을 볼 수 있다.

성공적인 소통과정에서 중요한 역할을 하는 비언어적인 의사소통 요소를 정리하면 다음과 같다.

(1) 눈맞춤(시선)

눈은 사람의 감정을 표현하는 중요한 수단이 된다. 눈맞춤을 통해 자신의 마음을 표현하고 상대방의 마음을 읽을 수 있다. 시선의 방향과 응시 시간과 빈도 등을 통해 비언어적 의사소통이 이루어진다.

(2) 음성

대화 중 특정 부분에 대한 음성의 고저, 크기, 속도, 강약, 리듬, 억양 및 잠시 멈춤, 웃음 등과 같은 비언어적인 소리는 다양한 정보를 제공한다(이경순 · 이미경 · 김경희, 2012). 예를 들어, 단조로움, 무감정, 억양의 변화 등을 통해 상대가 보내는 비언어적 메시지를 이해할 수 있다. 어떤 사람의 말은 따분하고 지루하게 들리고, 어떤 사람의 말은 생생하고 재미있게 들리기도 한다. 말의 속도와 어조를 잘 살려 말하는 것에 따라 상대에게 큰 영향을 미치기도 한다.

음량과 억양의 변화, 뉘앙스에 따라 듣는 사람으로부터 지지를 받거나 비난을 받을 수 있다. 소리의 크고 작음, 높고 낮음에 적절한 변화를 주고 말하면 말하는 사람의 열정과 열의를 보여줄 수 있다.

(3) 몸동작

몸동작은 언어 이상으로 다양한 메시지를 전달할 수 있는 의사소통 수단이다. 의사소통 과정에서 손, 발, 팔, 머리 등 신체의 움직임을 적절히 사용함으로써 메시지의 의미를 더욱 분명하게 전달하거나 강조할 수 있다(이경순·이미경·김경희, 2012). 예를 들어, 힘찬 악수를 통해 '나는 당신에게 관심이 있습니다'라는 진심을 드러낼 수 있다. 우리는 이야기를 할 때 상대방이 팔짱을 끼거나 몸을 기울이는 행동을 통해 상대가 보내는 비언어적 메시지를 파악할 수 있다. 몸짓언어로서 주먹을 쥐고 가운데 손가락을 치켜든 형태의 손짓은 상대를 모욕하는 비언어적 의사소통이며, 야구에서 투수와 포수가 상대가 모르는 손짓을 통해 메시지를 주고받는 행위 또한 비언어적 의사소통의 방법이다.

몸짓은 문화권에 따라서 의미가 달리 해석될 수 있지만, 몸짓을 통해 말하는 사람이 보내는 메시지를 더 확실히 이해할 수 있다.

Plus Point 비언어적 메시지를 통해 나타나는 감정

- 분노 : 화가 났을 때 머리나 말의 움직임은 많지만 손놀림은 적어진다.
- 공포 : 상대에게 두려움을 느꼈을 때 슬금슬금 뒤로 물러나면서 힐끔힐끔 시선을 맞추려고 한다.
- 적대감 : 싫어하는 상대가 등장했을 때 자신의 양손을 모으거나 신체의 어떤 부분을 만지거나 문지르는 등 자신의 신체에 관심 있는 동작을 많이 한다.
- 우울감 : 기분이 우울할 때 머리의 움직임이 적어지고 발의 움직임이 많아진다.
- 스트레스 : 신체의 움직임과 손짓, 발짓이 많아진다.
- 슬픔 : 시선을 피하면서 빠른 걸음으로 상대를 스쳐 지나간다.

출처 : 최광선(1996). 그 마음이 알고 싶다.

(4) 얼굴 표정

얼굴 표정은 사람의 감정을 표현하는 비언어적 의사소통의 대표적인 수단이다. 밝은 미소는 상대에게 좋은 첫인상을 줄 수 있고, 무표정한 얼굴을 보면 '난 당신에게 관심이 없어'라는 메시지가 느껴진다. 상대에게 화가 날 때는 인상을 찡그리거나 입술을 꽉 깨물어서 분노를 표출하거나 단호한 의지를 보일 수 있다.

Plus Point 얼굴 표정으로 알아차리는 상대의 마음

- 입꼬리가 올라간다(가식 웃음).
- 웃으면서 눈꼬리에 주름이 진다(진실한 웃음).
- 입꼬리 양쪽이 내려간다(확실한 두려움, 공포).
- 코를 올려 미간에 주름을 만든다(역겨움).
- 눈이 커지고 입이 'O'자를 보인다(갑작스러운 놀라움).
- 눈썹 안쪽을 내리고 눈에 힘을 준다(노려봄, 공격적).
- 눈썹 안쪽을 올린다(주눅이 듦, 동정심 유도).
- 비대칭형 표정을 짓는다(비웃음, 못마땅함).

출처 : 방재현(2011). 비언어적 커뮤니케이션의 시각메시지 표현연구, p. 16

처음 만나는 사람과 이야기를 시작할 때는 첫인상이 중요하다. 첫인상은 단 몇 초 만에 모든 것을 결정짓는다. 그러나 첫인상을 바꾸려면 40시간 정도 투자해야 하고, 60번 정도를 만나야 한다. 첫인상에는 헤어스타일, 표정, 걸음걸이 등 다양한 시각적 요인이 포함되지만, 미소는 첫인상의 핵심이다. 미소는 따뜻함을 나타내는 몸짓언어로서, 상대방에게 호감을 준다.

Plus Point 표정 트레이닝

다음에 제시되는 상황에 따른 표정을 거울 앞에서 연습해 봅시다.

- 방긋 웃는 아기를 봤을 때 (놀람, 기쁨)
- 맘에 드는 이성과 첫 데이트를 할 때 (설렘, 벅참)
- 자격증 시험에 합격했을 때 (환희, 감격)
- 입영통지서를 받았을 때 (근심, 불안)
- 친구가 약속장소에 많이 늦게 도착했을 때 (화남, 황당함)
- 밤샘해서 작업한 문서가 날아갔을 때 (허탈, 난감)
- 제일 친한 친구의 갑작스러운 사망소식을 들었을 때 (슬픔, 상실감)

출처 : 방재현(2011). 비언어적 커뮤니케이션의 시각메시지 표현연구, p. 16.

(5) 근접 거리

가까운 사람끼리는 물리적으로 가깝다. 친한 사람과 사적인 대화를 할 때에는 가까운 거리에서 앉아 편하게 대화하지만, 공적인 대화를 나누거나 낯선 사람과는 거리를 두고 이야기를 나누는 것이 일반적이다. 대화할 때 거리는 공간적 영역으로 표현되는 관계로 다음과 같이 구분된다(구현정 · 전영옥, 2007; 서혜석 외, 2017).

Plus Point 대화할 때 거리

다음에 제시되는 상황에 따른 표정을 거울 앞에서 연습해 봅시다.

- **친밀한 거리**(15~46cm 미만)
  - 한쪽 손을 뻗으면 상대방에게 닿을 수 있는 거리
  - 연인, 부부와 같이 정서적으로 매우 가까운 사이일 때 대화를 나누는 거리
- **개인적 거리**(46cm~1.2m 미만)
  - 서로 편안하게 이야기를 나눌 수 있는 거리
  - 친구나 직장동료들과 대화를 나눌 때 유지하는 거리

■ **사회적 거리**(1.2~3.6m 미만)

• 낯선 사람이나 잘 모르는 관계에서 유지하는 거리

■ **공적 거리**(3.6m 이상)

• 통상적으로 대중연설을 할 때 편안하게 느끼는 거리

비언어적 의사소통의 중요성은 점점 커지고 있다. 이상에서 살펴본 이러한 비언어적인 요소를 의사소통 과정에서 적절히 활용한다면 상대에게 호감과 신뢰감을 더 줄 수 있을 것이다. 비언어적 의사소통 기술을 향상시키는 구체적인 방법은 7장에서 더 자세히 살펴보기로 하자.

Plus Point 비언어적 의사소통 관련 동영상 감상하기

■ EBS **다큐프라임** : 말하기의 다른 방법(표정의 비밀, 몸짓의 기억, 스킨십의 기술)
말하기의 다른 방법에 대한 동영상을 감상한 후, 자신이 경험했던 비언어적 의사소통의 중요성에 대해서 발표해 보자.

다음의 의사소통 유형 체크리스트는 사티어(Virginia Satir)의 이론에 기초하여 개발되었다. 사티어는 의사소통과 자아존중감이 밀접한 관련을 가진다고 주장하였다. 원만한 대인관계를 위해 자신의 의사소통 유형부터 확인해 보자.

의사소통 유형 체크리스트

※ 다음의 문항을 읽고 현재 당신이 사용하고 있는 의사소통에 관한 적절한 설명이라고 생각되는 곳에 표시해 봅시다.

번호	문 항	그렇다	그렇지 않다
		1점	0점
1	아무도 나에게 관심을 가져주지 않으며 나를 걱정해 주지 않는 것 같다.		
2	비교적 대화하는 사람의 기분을 맞추어 주려고 하는 편이다.		
3	감정이 없는 사람이라는 말을 듣는 편이다.		
4	다른 사람의 주장이 내 생각과 달라도 맞장구를 쳐주는 편이다.		
5	어디에서건 다른 사람에게 지는 것을 싫어한다.		
6	상대방의 질문에 적절하게 반응하지 못하며 정확한 답을 피하는 경향이 있다.		
7	반대의견을 잘 말하지 않는 편이다.		
8	논쟁할 때 상대방의 실수나 결점을 잘 찾아내는 편이다.		
9	의견이 일치하지 않는 상황에 잘 대처하는 편이다.		
10	어떤 의견을 결정할 때 다른 사람의 눈치를 보는 경우가 있다.		
11	다른 사람을 지배하려고 할 때가 많으며 명령하거나 지시하는 편이다.		
12	논쟁할 때 감정을 잘 드러내지 못하는 편이다.		
13	다른 사람들과 대화하는 데 어려움을 느끼지 않으며 사람들과의 관계에 만족하는 편이다.		
14	지나치게 겸손한 경향이 있다.		
15	힘이 있고 강한 사람으로 인정받고 싶다.		
16	혼자서 화난 감정을 삭이는 편이다.		
17	의견이 대립될 때 내가 옳다고 주장하기 위해 조사 자료를 인용하는 편이다.		
18	다른 사람의 말이나 행동에 상관없는 반응을 하는 경우가 있다.		

19	다른 사람에게 말을 할 때 대체로 사리에 맞게 이야기하는 편이다.		
20	어떤 결정을 할 때 상대방의 감정을 고려하지 않는다.		
21	스트레스를 받는 문제에 대해 되도록 관심을 가지지 않으려 한다.		
22	부정적인 느낌을 갖게 될 때에도 그 느낌을 솔직하게 상대방에게 표현하는 편이다.		
23	다른 사람에게 화난 모습을 보여주기 싫어하며 실제로는 기분이 나빠도 나쁘지 않은 척하는 편이다.		
24	상대방의 요청을 쉽게 거절할 수 있으며, 상대방의 반응에 신경쓰지 않는 편이다.		
25	대화하고자 하는 주제에 대해 사람들의 관심을 분산시키는 경향이 있다.		
26	다른 사람이 나에게 표현하는 느낌을 잘 믿고 받아들이는 편이다.		
27	주위 사람들에게 잘 대해주어야 하며 다른 사람을 화나게 하고 싶지 않다.		
28	내가 말하는 내용을 듣는 사람이 이해 못해도 상관하지 않는 편이다.		
29	일관성이 없고 상황에 맞지 않는 말을 하는 경향이 있다.		
30	나의 생각을 분명하게 밝히며 해야 할 말을 자신 있게 하는 편이다.		
31	무슨 일이든 내가 먼저 사과하는 편이다.		
32	솔직하지 못하고 무책임하게 말을 하는 편이다.		
33	행동할 때 다른 사람을 지나치게 의식하는 편이다.		
34	불평불만이 많은 편이다.		
35	미리 생각하지 않고 되는 대로 말하는 경향이 있다.		
36	상대방의 느낌을 잘 이해하는 편이다.		
37	상대방을 비난하는 말을 자주 한다.		
38	다른 사람에게 관심이나 따뜻함을 거의 나타내지 않는다.		
39	지나치게 합리적이며 객관적인 경향이 있다.		
40	거절하는 말을 잘 하는 편이다.		
41	윗사람이 꾸중을 하면 성이 나서 일일이 대꾸를 한다.		
42	나 자신의 감정을 잘 드러내지 못하는 편이다.		
43	내가 무슨 말을 할 때 상대방이 화낼까 봐 많이 염려한다.		
44	다른 사람이 나에게 충고하려고 하면 나도 상대방의 결점을 찾아내어 공격을 한다.		
45	다른 사람에 대해 별로 관심이 없는 편이다.		

46	다른 사람의 대화에 끼어들어 관심을 받으려고 하는 경우가 있다.		
47	상대가 어떻게 생각하든지 할 수 없는 일은 못한다고 거절하는 편이다.		
48	화가 나도 무조건 참는 편이다.		
49	다른 사람으로부터 모욕을 당하면 당장 그 자리에서 상대를 골려준다.		
50	다른 사람에게 지나치게 화를 내는 경우가 많다.		
51	정직하게 '예' 혹은 '아니요'라고 말한다.		
52	까다로운 일에 대해 결정하기를 귀찮아한다.		
53	상대방이 이야기를 할 때 귀 기울여 듣는다.		
54	상대의 생각을 더 잘 알기 위하여 상대의 의사를 묻거나 확인한다.		

채점과 해석	
유 형	내 용
회유형	• 해당문항 : 4, 7, 10, 12, 14, 16, 21, 23, 27, 31, 43, 48 • 자신의 내적 감정이나 생각을 무시하고 타인의 비위에 맞추려는 성향이다. 주로 '다 내 잘못이야. 당신이 없으면 나는 아무것도 아니야'라는 말을 많이 사용한다.
비난형	• 해당문항 : 5, 8, 11, 32, 33, 34, 37, 41, 44, 49, 50 • 다른 사람이 자신을 힘이 있고 강한 사람으로 인식하게 하려고 노력한다. 타인을 무시하는 성향을 보인다.
초이성형	• 해당문항 : 3, 15, 17, 20, 24, 38, 39, 40, 42, 45, 47 • 규칙과 옳은 것만을 절대시하는 극단적인 객관성을 보이며, 자신과 타인 모두를 무시하고 상황만을 중시한다.
산만형	• 해당문항 : 1, 6, 9, 18, 25, 28, 29, 35, 46, 52 • 자신, 타인, 상황 모두를 무시한다. 위협이 존재하지 않는 것처럼 행동하여 주위를 혼란스럽게 만들고 접촉하기 가장 어려운 유형이다.
일치형	• 해당문항 : 2, 13, 19, 22, 26, 30, 36, 51, 53, 54 • 자신, 타인, 상황 모두가 일치하며 의사소통의 내용과 내면의 감정이 일치하는 유형이다.

• 각 유형에 해당되는 문항의 점수를 합산한다.
• 각 유형에 해당되는 점수의 합산 중에서 제일 높은 점수에 해당되는 유형이 본인의 의사소통 유형이다.
• 절대적 점수보다는 점수의 상대성을 고려하여 자신의 의사소통 유형을 평가한다.

출처 : 정명실 · 김정숙 · 위 휘(2015). 사티어의 의사소통 유형검사.

4. 직장생활에서의 의사소통

1) 직장인에게 의사소통이란?

직장생활을 하다 보면 상사와 부하직원 간에 소통이 잘 되지 않는 경우가 비일비재하다. 직장에서 생길 수 있는 아래의 사례를 보자.

팀장 : 그것도 모릅니까? 말이 안 통하네요.
팀원 : 제가 왜 이것을 해야 합니까?
팀장 : 그렇게 하시면 안 됩니다.
팀원 : 요즘에는 그렇게 많이들 해요.
팀장 : 답답합니다. 그냥 제가 하겠습니다.
팀원 : 그렇게 잘하신다면, 그럼 직접 하시죠.

직장상사들은 부하직원들의 이런 말들에 답답함을 넘어서 요즘 젊은 직원들은 문제라고 푸념하기 일쑤이다. 엇갈린 소통이 계속되다 보면, 부하직원도 직장상사에게 불만이 쌓여만 간다. 더구나 "아직도 제자리걸음이네. 그것도 제대로 못하는군", "시키는 대로 하면 될 것을, 아직도 마무리 못했네", "경력이 그만큼 되었는데 제대로 하는 것이 없네" 등의 말을 직장상사로부터 듣게 되면 업무문제를 넘어서 직장을 그만두고 싶은 마음이 굴뚝같이 든다. 그렇다고 직장에서 입을 닫고 글이나 이메일로만 소통하기란 불가능하다.

이렇게 소통이 원활하지 않은 조직은 개인 간의 문제를 넘어서 결과적으로 조직 전체의 문제를 초래하기 마련이다. 직장상사와 부하직원 간의 의사소통뿐만 아니라 직장동료끼리도 의견조율이 되지 않거나 잘못된 소통의 결과로 인해 업무상 크나큰 손실을 입을 수 있다.

Plus Point 일 잘하는 사람들의 대화 스킬

"오늘 날씨가 참 좋네요."

"혹시 오늘 아침에 뉴스 보셨어요?"

"노란색을 좋아하시나 봐요. 옷이 참 잘 어울리네요."

처음 만난 사람과는 잡담으로 대화 분위기를 부드럽게 만들어 보자. 다짜고짜 용건부터 꺼낸다면 비즈니스는 물론 그 사람과의 인간적인 관계도 기대할 수 없다는 사실을 기억하자. 취미, 최근 뉴스거리, 관심사, 상대의 옷, 날씨, 음식 등 자연스레 활용할 수 있는 이야깃거리는 무궁무진하다. 단, 잡담이 너무 길어지면 만남의 목적 자체가 불확실해질 수 있으니 경계하자.

출처 : 사쿠라이 히로시(2015). 직장인의 말 공부, p. 70.

조직 내에서 이루어지는 의사소통은 목표달성을 이루고 효율성을 높이기 위한 목적이 크다. 조직 내의 성과 창출을 효과적으로 달성하는 수단이 바로 의사소통이다. 직장생활에 있어서 적절한 의사소통은 필수적이다. 고객의 요구사항을 듣지 않고서는 맞춤형 서비스를 할 수 없다. 상대방의 말을 듣고 의견을 전달해야 업무가 진행된다. 효율적인 의사소통은 직장생활을 원활히 하기 위한 필수적인 전제조건이다.

직장생활에서의 의사소통은 공식적인 조직 안에서 이루어지는 의사소통을 의미한다. 직장생활에서의 의사소통은 조직의 생산성을 높이고, 사기를 진작시키고, 정보를 전달하고, 설득하려는 목적을 가진다.

직장생활에서의 의사소통은 조직과 팀의 효율성을 이루기 위한 목적으로 구성원 간의 정보전달 과정이다. 자신의 생각과 느낌을 효과적으로 표현하는 것과 타인의 생각과 느낌, 사고를 이해하는 노력은 개인뿐만 아니라 조직이나 팀의 핵심 요소이다. 의사소통의 역할은 개인들이 집단을 이루어 활동할 때 그 활동을 효과적으로 수행할 수 있게 한다. 효과적이고 원활한 의사소통은 조직과 팀의 핵심적인 요소로서, 구성원 간에 정보를 공유하는 기능을 한다.

따라서 인간관계, 특히 조직 내에서 의사소통은 직장생활에서 필수이며 대인관계의 기본이다.

직업생활을 할 때 직업인에게는 다양한 의사소통능력이 요구되는데, 의사소통능력은 문서적인 측면과 언어적인 측면으로 구분된다(한국산업인력공단, 2016b). 문서적인 측면에서 요구되는 의사소통능력에는 기획서, 보고서, 공문서 등의 문서를 작성하는 능력과 이미 작성된 문서를 이해하는 능력이 포함된다. 그리고 직장동료 간의 원활한 대화를 위해서는 상대방의 이야기를 듣고 적절히 반응해 주는 경청능력과 자신의 의사를 목적과 상황에 맞게 설득력을 가지고 말하는 의사표현능력이 필요하다.

Plus Point 직장에서 잘 통하는 대화법

진실하지만 상대방이 듣기 싫어하는 말	진실을 상대방 필요에 맞추어 바꾼 말
• 회사가 심한 재정 위기에 처해 곧 망할 것 같습니다.	• 회사에 위기가 온 것은 사실이지만 여러분이 조금만 노력하면 이 문제를 해결할 수 있습니다.
• 우리 회사에 대한 좋지 않은 소문이 시중에 널리 퍼졌습니다.	• 우리 회사에 대한 안 좋은 소문이 많은 걸 보니, 우리 회사를 질투하는 사람들이 많은 것 같습니다.
• 너무 피곤해 보이는구나.	• 일을 너무 열심히 한 것 같다. 좀 쉬어라.
• 갑자기 너무 늙어보이세요.	• 요즘 중후해 보이세요.

상대방이 듣기 싫어했던 말들	이를 상대방 필요에 맞추어 바꾸어 본다면?

출처 : 이정숙(2015). 성공하는 직장인은 대화법이 다르다, p. 271.

Plus Point 의사소통능력 적용해 보기

- 자신의 생각이나 의견을 상대방에게 성공적으로 설득했던 경험을 상황-행동-결과 중심으로 구체적으로 기술해 보자.

- 본인의 의사와 정반대되는 주장을 하는 직장상사 또는 동료를 어떻게 설득할 것인지 작성해 보자.

- 당신이 속해 있는 조직(학교, 회사, 동아리, 동호회 등) 안에서 당신과 의견이나 생각이 다른 조직 구성원을 효과적으로 설득하거나 합의를 이끌어 낸 경험이 있는가? 당시 상황을 간략하게 요약하고 성공 요인이 무엇이었는지 기술해 보자.

출처 : 방영황・박세용(2017). How to NCS 자소서 & 면접, p. 54.

2) NCS 기반 의사소통능력

국가직무능력표준(NCS : National Competency Standards)은 산업현장에서 직무를 수행하기 위해 요구되는 지식, 기술, 태도나 능력을 국가 차원에서 표준화하여 제시한 것이다. 의사소통능력은 NCS 직업기초능력 10개 영역 중의 하나이다. 의사소통능력은 업무를 수행하는 데 있어서 말과 글을 통해 상대방의 의견을 듣거나, 자신이 뜻한 바를 표현할 때 그 의미를 정확히 파악하고 전달할 수 있는 능력이다.

NCS 직업기초능력으로서의 의사소통능력이란 상대방과 대화를 나누거나 문서를 통해 의견을 교환할 때 상대방이 뜻한 바를 정확하게 파악하고, 자신의 의사를 효과적으로 전달할 수 있는 능력을 의미한다. 또한 글로벌 시대에 필요한 외국어 문서이해능력과 의사표현능력도 포함된다.

의사소통능력은 문서이해능력, 문서작성능력, 경청능력, 의사표현능력 및 기초외국어능력으로 구분할 수 있다. NCS 직업기초능력으로서의 의사소통능력의 구조를 구체적으로 살펴보면 다음 〈표 1-1〉과 같다.

〈표 1-1〉 **의사소통능력의 구조**

하위능력	정 의	세부 요소
문서이해	업무에 필요한 문서를 확인하고 그 내용을 읽고 이해하고 요점을 파악하는 능력	• 문서 정보 확인 및 획득 • 문서 정보 이해 및 수집 • 문서 정보 평가
문서작성	업무를 수행함에 있어 뜻한 바를 글로 나타내는 능력	• 문서의 정보 확인 및 조직 • 목적과 상황에 맞는 문서작성 • 작성한 문서 교정 및 평가
경 청	업무를 수행할 때 다른 사람의 말을 듣고 그 내용을 이해하는 능력	• 음성 정보와 매체 정보 듣기 및 내용 이해 • 음성 정보와 매체 정보에 대한 반응과 평가
의사표현	업무를 수행할 때 자신이 뜻한 바를 말과 비언어적 행동으로 효과적으로 전달하는 능력	• 목적 · 상황에 맞는 정보 조직 및 전달 • 대화에 대한 피드백과 평가
기초 외국어	업무를 수행할 때 외국어로 의사소통할 수 있는 능력	• 외국어 듣기 • 일상생활에서의 회화 활용

학습내용 요약

1. 의사소통이란 두 사람 또는 그 이상의 사람들 사이에서 일어나는 의사의 전달이다. 어떤 개인 또는 집단 간에 정보, 감정, 사상, 의견 등을 전달하고 그것들을 받아들이는 과정이다.

2. 의사소통의 기능은 통제, 동기 부여, 감정 표현, 정보 제공이다.

3. 직장생활에서의 의사소통은 조직과 팀의 효율성과 목표달성의 효과를 높이기 위한 수단으로 이루어진다. 조직 내의 성과 창출을 효과적으로 달성하는 수단이 바로 의사소통이다.

CHAPTER 02

효율적 의사소통

의사소통능력을 효율적으로 개발하기 위해서는 무엇보다도 자신이 가진 의사표현의 문제점을 객관적으로 분석하고 타인을 이해해야 한다. 그리고 의사소통을 방해하는 요인을 알고, 이를 줄이거나 제거하기 위한 훈련을 해야 한다. 효율적인 의사표현기술은 성공적인 삶을 살아가는 데 유용하다.

02 HAPTER

효율적 의사소통

학습내용

제1절 비효율적인 의사소통

제2절 효율적인 의사소통 기술

학습목표

1. 비효율적인 의사소통을 설명할 수 있다.
2. 효율적인 의사소통의 기술에 대해 설명할 수 있다.

주요 용어

비효율적 의사소통, 효율적인 의사소통 기술

1. 비효율적인 의사소통

우리가 날마다 주고받는 상호작용들은 대화를 중심으로 이루어진다. 대화를 효과적으로 하는 능력, 즉 의사소통능력은 사람들 간에 이루어지는 상호작용의 기초가 된다. 대화를 통해서 우리는 전달하고자 하는 메시지를 효과적으로 전달하고, 아이디어와 정보를 주고받는다. 이러한 의사소통능력을 효율적으로 개발하기 위해서는 무엇보다도 자신이 가진 의사표현의 문제점을 객관적으로 분석하고 타인을 이해해야 한다. 그 다음에 의사소통을 방해하는 요인을 알고, 이를 줄이거나 제거하기 위한 훈련을 해야 한다.

1) 잘못된 화법

(1) 반말

나이가 어리다고 반말을 쉽게 하거나 직급이 높다고 힘으로 밀어붙여 대화하는 사람이 있다. 상대방이 자신보다 어리다고, 지위가 자신보다 낮다고 무조건 반말을 하거나 직급을 이용하여 권위 아닌 권위를 내세우며 자기주장을 관철시키려는 사람이 있다. 회의 시간이나 토론할 때에는 상대방의 의견 내용보다는 무조건 반대를 위한 반대, 비판을 위한 비판을 하는 사람도 있다.

이런 모든 것은 잘못된 화법의 결과이다. 자기 자신은 느끼지 못하지만 상대방은 이렇게 말하는 사람을 경계하고 꺼린다. "뭐 어때. 나보다 나이가 한참 어리구만", "한 번씩은 어깃장을 놓아야 일을 잘하지"라고 생각하면서 한 번씩 툭툭 던지는 말들은 상대방으로부터 자신을 적으로 만들어 버리는 결과를 초래한다.

상사의 반말에 민감하게 반응하기		상사의 반말에 유연하게 대처하기
• "우리가 머슴도 아니고 왜 반말이야"라고 투덜거린다. • "아랫사람이라고 무시하기 때문이야" 하는 피해의식을 가진다. • "이런 데서 내가 배울 게 있을까?" 하며 회의적으로 생각한다.	➡	• 대수롭지 않게 생각하고 더욱 깍듯하게 존댓말을 사용한다.

출처 : 이정숙(2015). 성공하는 직장인은 대화법이 다르다, p. 48.

(2) 잘못된 높임말

다음에 제시된 비효율적인 의사표현 사례를 보고, 평소 자신이 알게 모르게 잘못 사용해 온 높임말을 파악해 보자.

"커피 나오셨습니다."
"찾으신 물건 여기 있으십니다."
"그 상품은 품절이십니다."

동사나 형용사에 붙는 어미 '시'는 사람을 높일 때 사용한다. 그런데 높임말에 지나치게 신경을 써서 물건까지 높여서 말한 사례이다. 사물은 존댓말의 대상이 될 수 없는데 높임말을 잘못 사용한 경우이다. 고객서비스와 친절을 강조하는 업종에 종사하는 직장일수록 이런 실수가 나타난다. 어색하고 불편한 표현이다.

잘못된 높임말도 문제이지만, 형식적 높임말 역시 원활한 의사소통으로 볼 수 없다. 고객의 높은 만족도 혹은 상대방의 호의와 긍정적인 반응을 이끌어 내기 위해서는 진심을 담아 상대방의 입장에서 이야기하는 것이 효율적일 수 있다.

2) 일방적인 의사소통

의사소통은 쌍방향적으로 이루어져야 한다. 그래야 업무 역시 효율적으로 이루어진다. 그러나 사람들은 대개 다음과 같은 일방적인 소통을 하기 쉽다.

"몇 번을 말해야 알아들어요. 이런 실수를 계속하면 어떡해요!"

업무적으로 잘 모를 때에는 상사의 의견을 파악해서 보고를 하는 것이 낫다. 누구나 업무를 맡게 되면 실수하지 않고 상사에게 맞추려고 한다. 그러나 의사소통을 할 때 정확히 이해하지 않고 그 순간을 넘기면 전달하고자 하는 메시지와 정보 전달이 잘못될 수 있다.

상사의 지시 사항을 이해하지 못해서 실수를 반복하기보다는 "구체적인 방법이 떠오르지 않아서요. 어디를 먼저 손대야 할지 알려주십시오. 그러면 제가 맡은 일을 좀 더 잘할 수 있을 텐데요"라고 솔직히 말하는 편이 낫다.

같은 실수를 반복해서 하는 것은 상대방에게 단순 부주의로 받아들여진다. 부주의는 자신의 실수를 심각하게 받아들이지 않기 때문에 생긴다. 상사라면 여러 번 반복해도 개선되지 않는 가벼움에 화가 나기 마련이다. 부주의가 반복되면 업무 역량이 부족하다고 평가되기도 한다.

이 외에도 생활 속에서 무심결에 이루어지는 비효율적 의사소통의 유형을 정리하면 다음과 같다.

〈표 2-1〉 **비효율적인 의사소통 유형**

유 형	사 례
폐쇄적 질문	• 상대방에게 충분히 말할 기회를 제한하고 '예, 아니요'의 한두 단어의 반응이나 대답만 이끌어 냄 예 보고서는 다 작성했습니까?
과도한 질문	• 의사소통의 효율성을 저하시킴 예 당신은 어디에서 살고 있습니까? 아파트에서 삽니까? 이웃들과는 잘 지냅니까?

도 전	• 상대방에게 증거를 요구하는 듯한 질문 예 일을 열심히 했다면서 왜 업무성적이 나쁠까요?
시 험	• 시험치듯이 상대를 대하는 것으로 상대의 자존심을 저하시킴 예 이게 뭔지 알아요?
일시적 안심	• 실제로 문제가 있는데도 불구하고 일시적으로 대상자를 안심시키기 위해 말을 하는 것 예 모든 일이 잘 될 거예요.
비난, 비판	• 상대방의 행동이나 생각을 비난하는 것 예 약속을 지키려면 일찍 전화했어야죠.
훈계, 설교	• 상대에게 의무감이나 죄책감을 느끼게 하고 자기 입장을 방어하게 하는 것 예 입사서류를 제때 내지 못해서 불이익을 받는 것은 당신 책임입니다.
불필요한 칭찬과 찬성	• 선심 쓰듯이 보이나 바라는 행동을 조장하는 것 예 그것 참 좋습니다.

출처 : 이경순・이미경・김경희(2012). 인간관계와 의사소통, pp. 131-135 재구성.

3) 의사소통을 방해하는 요인

(1) 외부 요인

지나치게 시끄럽고 사람들이 왔다 갔다 하는 번잡한 장소에서 대화를 이어가기는 힘들다. 너무 개방되어 있고 번잡스러운 공간이나 소음은 대화의 큰 방해요인이다. 너무 덥거나 추울 때도 마찬가지이다. 기온 역시 의사소통을 하는 데 영향을 미치는 요인이다. 때로는 시간에 쫓겨서 말한 것이 상대방에게 잘못 전달되어 엉뚱한 결과로 되돌아오는 경험을 한 적이 있을 것이다. 이처럼 시간 부족이나 기타 외부 조건 등이 메시지를 전달하는 정보를 왜곡시킬 수 있다.

(2) 심리적 요인

① 착각

사소한 것이라도 엇갈린 정보를 바로잡지 않고 의사소통을 하다 보면, 업무상 문제가 초래될 수 있다. 내가 잘 전달했으니까 상대방도 충분히 알아듣고 처리했을 것이라고 착각하는 것이다.

"아니 이메일로 이야기할 게 따로 있고, 직접 얼굴 보고 이야기할 것이 따로 있지. 이런 중요한 것을 이메일로 보냅니까?"

상사의 이런 말에 자신은 '전달했는데', '아는 줄 알았는데' 하며 착각에 빠져 있을 수 있다. 그러나 '~는데'에서 오는 착각은 서로에게 엇갈린 정보만 갖게 할 뿐이다.

② 근거 없는 믿음

'말하지 않아도 안다', '호흡이 척척 맞는다', '일은 눈치로 배워라' 등과 같이 직접적인 대화를 통해서 관계하는 것보다 오히려 '눈치'를 중요시하는 의사소통을 미덕이라고 생각하는 경향이 있다. 말하지 않아도 마음이 통하는 관계는 '최고의 관계'이지만, 비즈니스 현장에서 필요한 것은 마음으로 아는 눈치의 미덕보다는 정확한 업무처리이다.

쉬어가기 : 세치의 혀

임종을 앞둔 스승이 제자인 노자를 불렀다. 마지막 가르침을 주기 위해서이다. 스승님은 자신의 입을 노자에게 보여주며 물었다.

"내 입안에 무엇이 보이느냐?"

"혀가 보입니다."

"이는 보이느냐?"

"스승님의 이는 다 빠지고 남아 있지 않습니다."

"이는 다 빠지고 없는데 혀는 남아 있는 이유를 아느냐?"

"이는 단단하기 때문에 빠져 버리고, 혀는 부드러운 덕분에 오래도록 남아 있는 것 아닙니까?"

"그렇다. 부드러움이 단단함을 이긴다는 것. 그것이 세상 살아가는 지혜의 전부이다. 이제 더 이상 네게 가르쳐 줄 것이 없구나."

2. 효율적인 의사소통 기술

능숙하게 대화할 줄 아는 사람들이 대개 훨씬 더 성공적인 삶을 살아간다. 성공적인 의사소통을 위해 활용할 수 있는 효과적인 커뮤니케이션 기술을 소개하면 다음과 같다.

1) 간결한 표현

정보가 넘쳐나는 시대에는 복잡한 것을 단순화하는 능력이 필요하다. 간결한 표현으로 핵심내용을 잘 전달하는 것이 효과적인 커뮤니케이션이다. 사용하는 언어의 개념을 정확히 파악하고 단어를 선택하여 모순되지 않는 문장 구성으로 전달할 때 의사소통이 원활히 이루어진다(최세영 · 한주빈 · 오봉욱, 2017). 너무 많은 말, 화려한 말보다는 짧고 간결한 말이나 문장이 더 강력한 힘을 발휘할 때가 많다.

명확한 의사소통이 필요한 시대이다. 과거에는 "확실히 말씀드리기는 어렵습니다만은…" 이런 표현이 자주 쓰이기도 했다. 그러나 명확한 소통이 요구되는 직장생활에서는 애매한 말투가 가져다주는 이점은 없다.

2) 전문용어보다는 일상용어로

전문가끼리 소통할 때는 전문용어를 쓰는 편이 바람직하다. 그러나 비전문가와 소통할 때는 전문용어를 누구나 이해할 수 있게 바꾸어야 한다. 전문용어는 그 언어를 사용하는 집단 구성원 간에는 별 문제가 없지만, 집단 밖의 사람에게는 문제가 초래된다. 일반 사람들보다 전문가가 많이 알고 있는 상태에서 이야기를 펼치다 보면, 듣는 사람은 맥락을 놓치거나 전혀 알아듣지 못하는 경우가 생긴다. 난해한 전문용어와 비즈니스 용어는 피하는 것이 낫다. 의사소통에서 사용되는 언어는 받아들이는 사람을 고려하여 단어를 주의 깊게 선택하고, 누구나 이해하기 쉬운 용어로 쉽게 이야기해야 한다.

지나친 외래어, 특히 영어를 많이 사용하는 것도 같은 맥락에서 자제해야 한다. 정확한 소통을 위해 꼭 필요할 때와 그렇지 않을 때를 구분해서 사용하자.

의사소통은 내가 상대방에게 메시지를 전달하는 과정이 아니라 상대방과의 상호작용을 통해 메시지를 다루는 과정이다. 성공적인 의사소통을 위해서는 자신이 가진 정보와 의견을 상대방이 이해하기 쉽게 표현하고, 상대방이 어떻게 받아들일 것인가를 반드시 고려해야 한다.

3) 감정의 절제

의사소통에서 감정표현은 필요하다. 풍부한 감성을 드러내고 다정다감한 모습은 좋은 분위기로 대화를 이끈다. 잘 풀리지 않는 대화의 원인 가운데는 감정을 제대로 통제하지 못해서 일어나는 경우가 흔하다. 이럴 때 가장 좋은 방법은 마음을 비우고 감정을 절제하는 것이다. 특히 감정의 기복이 심한 사람은 여러 면에서 손해를 볼 수밖에 없다. 화가 나서 물불 가리지 않고 입에서 나오는 대로 말을 해놓고 나중에 후회를 하거나 자책하는 경우가 많다. 이런 사람 옆에는 친구도 없고 직장동료도 슬슬 피한다. 화가 나거나 열이 나더라도 막말을 하거나 거친 감정을 드러내기보다는 깊게 숨을 다섯 번 정도 들이쉬면서 마음을 가다듬고 정리해서 말을 하는 것이 원만한 대화가 된다. 감정을 드러내는 말은 상대방으로부터 자신을 적으로 만들어 버리는 결과를 초래한다.

감정을 드러내는 대화법	➡	이성적으로 하는 대화법
• "너무 하는 것 아냐? 사람이 일을 하다 보면 그럴 수도 있지. 그 정도 가지고. 원래 그런 사람이었어?" • "나 참 기가 막혀서. 내가 그동안 당신한테 어떻게 했는데. 나한테 그럴 수 있어?"		• "당신이 그렇게 말하니 내 마음이 몹시 아프군. 서로 오해가 없도록 털어놓고 말해보세." • "나는 적어도 우리 사이가 그만한 일로 금이 가지는 않을 거라고 믿네. 사소한 갈등이야 누구나 겪지. 나한테 섭섭한 것은 용서해 주게. 나도 그런 게 있으면 다 털어버릴 테니."

출처 : 이정숙(2015). 성공하는 직장인은 대화법이 다르다, p. 48.

4) 적극적인 경청

상대방이 말을 끝내자마자 자신이 하고 싶은 말을 섣불리 꺼내는 것은 바람직하지 않다. 다른 사람과 대화를 할 때 가까이 있으면서도 상대가 말하고자 하는 내용에는 관심을 보이지 않는다면 대화의 진행이 힘들다.

상대의 말을 제대로 들었다는 것을 알리기 위해 고개를 끄덕이거나 짧게 "아하"라고 말하는 것이 좋다. 상대가 복잡하게 말했을 때에는 지금까지의 상황을 정리하면서 자신의 의견을 덧붙여 말하는 것도 낫다. 그러면 상대방이 자신이 잘못 알아들은 내용을 고쳐주거나 쉽게 이해하도록 설명을 보태줄 것이다. 이처럼 상대방의 입장에서 생각하고 주의 깊게 경청해야 한다. 경청은 단순히 듣는 것을 넘어서 공감하는 것이다. 올바른 경청을 위해서는 상대방의 입장을 먼저 헤아리고 끝까지 듣기 위한 노력이 필요하다. 잘 듣는 것을 넘어 잘 표현할 줄도 알아야 한다.

Plus Point **상대방의 입장에서 생각하고 이야기하기**

내 입장에서 말하기 위한 생각들		상대방 입장에서 말하기 위한 생각들
• 내가 저번에 한 번 보고를 했잖아. 당연히 기억하겠지. • 그동안 내가 추진했던 경과가 중요해. • 일단 상세히 보고부터 해야지.	➡	• 이분이 저번에 한 보고를 기억할까? 그동안 다른 현안들이 많이 있었잖아? 정확히 기억하기는 어려울 것 같다. • 이 상황에서 이분이 결국 무엇을 판단해야 하지? • 이분이 문제의 근본 원인을 이해하기 위한 포인트가 뭐지? 그래야 대안을 제시할 수 있잖아.

5) 피드백 주고받기

피드백은 상대방에게 그의 행동의 결과가 어떠한지에 대하여 정보를 제공해 주는 것을 말한다. 즉, 상대의 행동이 나의 행동에 어떤 영향을 미치고 있는가에 대하여 상대방에게 솔직하게 알려주는 것이다.

의사소통의 왜곡에서 오는 오해와 부정확성을 줄이기 위하여 말하는 사람 또는 전달자는 사후검토와 피드백을 이용하여 메시지의 내용이 실제로 어떻게 해석되고 있는가를 조사할 수 있다. 얼굴을 맞대고 하는 의사소통에서는 이러한 사후검토나 피드백이 직접 말로 물어볼 수도 있고, 얼굴 표정 등으로 정확한 반응을 얻을 수 있기 때문에 용이하다.

피드백은 상대방이 원하는 경우 대인관계에 있어서 그의 행동을 개선할 수 있는 기회를 제공해 줄 수 있다. 하지만 부정적이고 비판적인 피드백만을 계속적으로 주는 경우에는 오히려 역효과가 나타날 수 있으므로 피드백을 줄 때 상대방의 긍정적인 면과 부정적인 면을 균형 있게 전달하도록 유의하여야 한다.

6) 질문하기

대화는 질문과 대답의 연속적인 과정이다. 질문을 통해 상대방으로부터 좋은 감정을 이끌어 내고 관계를 부드럽게 만들 수 있다. 처음 만나는 사람에게 관심사나 취미를 물어보는 질문은 상대와의 관계를 더욱 편안하게 만들어 주는 윤활유로 작용한다. 거리가 느껴지고 자칫 딱딱해질 수 있는 대화가 즐거운 대화가 되고, 서로의 호감도도 높여줄 수 있다. 때로는 상대방의 말을 이해하지 못했을 경우 질문을 통해 정보를 얻고, 더 많은 정보를 얻을 수 있다.

언어적 의사소통 기술을 향상시키는 방법과 관련된 자세한 내용은 7장의 '의사표현능력'을 참고하기 바란다.

Plus Point 커뮤니케이션 게임

커뮤니케이션의 중요성이나 수단을 이해하려면 설명을 듣거나 글을 읽어 이해하는 것이 필요하지만, 구체적으로 체험하기 위해서는 자신이 직접 커뮤니케이션에 관한 롤플레이를 하는 것도 좋다.

게임을 하기 위해서는 최소한 2명 이상이 필요하나 인원이 많아도 충분히 운영할 수 있으며, 교육의 효과를 높이기 위해서 팀을 나누어 시합하는 것도 좋다.

■ 준비물
- 임의의 도형들이 그려진 A4용지
- 종이와 필기구
- 스톱워치

■ 게임 방법

① 한 팀의 2명이 서로 등을 맞대고 의자에 앉는다(게임 참가자 전체는 큰 원으로 둘러앉는다).

② 큰 원의 안쪽에 앉은 사람에게 도형이 그려진 종이를 준다.

③ 등을 맞대고 있는 내 파트너에게 그림을 설명하고, 상대 파트너는 설명을 듣고 그림을 빈 종이에 그린다.

④ 정해진 시간 동안 진행한다.

⑤ 그린 그림의 결과를 팀별로 비교하여 시상한다.

■ **운영 노하우**

① 처음 게임에서는 전달자가 설명만 할 수 있고, 전달받는 사람은 질문을 할 수 없다(일방향 커뮤니케이션을 경험).

② 두 번째 게임에서는 전달받는 사람이 궁금한 것을 질문할 수도 있다(쌍방향 커뮤니케이션을 경험).

③ 두 가지 결과를 비교하고 평가하여 한 방향 커뮤니케이션보다는 쌍방향 커뮤니케이션의 결과가 좋음을 확인시킨다. 그리고 질문의 효과를 이해하게 한다.

※ 커뮤니케이션 게임을 통해서 배울 수 있는 점

일방적으로 상대로부터 의사 전달을 받는 경우에는 이해도와 정확도가 떨어진다. 왜냐하면 같은 말이나 단어를 사용해도 이해되는 것은 사람에 따라 달라지기 때문이다. 사람들은 자신의 경험이나 지식을 기준으로 외부의 정보를 받아들이기 때문에 질문하거나 의견을 교환하여 확인하지 않으면 오해하거나 왜곡될 수 있다. 반면에 양방향 의사 전달을 하는 경우에는 서로 질문하고 의견을 교환하여 오해나 왜곡을 제거하여 정확한 뜻을 이해할 수 있다.

출처 : 심재우(2004). GE처럼 커뮤니케이션하라.

학습내용 요약

1. 의사소통의 유형은 언어적인 유형과 비언어적인 유형이 있다. 의사소통의 형태와 종류는 크게 대화, 전화통화, 토론 등 언어적인 것과 기획서, 편지, 메모 등 문서적인 것, 그리고 몸짓과 얼굴 표정, 손짓 등 비언어적인 것으로 구분할 수 있다.

2. 의사소통의 방해요인은 외부요인과 심리적 요인이 있다.

3. 의사소통능력을 개발하기 위해서는 사후검토와 피드백을 활용하고, 명확하고 쉽게 이해 가능한 단어를 선택하여 이해를 높이도록 언어를 단순화하며, 적극적으로 경청하고, 감정적으로 메시지를 곡해하지 않도록 침착하게 감정을 억제해야 한다.

03
CHAPTER

문서이해능력

문서이해능력은 직장생활에서 접하는 많은 문서 중에서 업무에 필요한 문서를 확인하고, 그 내용을 이해하여 요점을 파악하는 능력으로서 직업인에게는 매우 중요한 능력이다. 오늘날 우리는 직장 내에서 많은 문서를 읽고, 이해하고, 작성한다. 수많은 정보 중에 최적의 정보를 빨리 찾아서 이해하는 능력이 개인의 업무능력으로서 점점 더 중요하게 여겨지고 있다.

CHAPTER 03

문서이해능력

학습내용

제1절 문서이해능력의 이해

제2절 문서의 종류

학습목표

1. 문서이해능력의 개념을 설명할 수 있다.
2. 문서이해의 절차를 설명할 수 있다.
3. 다양한 문서의 종류에 대하여 설명할 수 있다.

주요 용어

문서, 문서이해능력, 문서이해의 절차, 문서의 종류

1. 문서이해능력의 이해

1) 문서이해능력의 개념

일상생활에서는 물론 직장생활을 할 때 사람들은 업무와 관련된 많은 문서를 접한다. 문서란 제안서, 보고서, 기획서, 편지, 이메일, 팩스, 메모, 공지사항 등이 문자로 구성된 것을 말한다. 자신이 맡은 업무에 따라서 계약서, 제안서, 기획서, 보고서 등의 문서를 직접 작성하고 처리하기도 한다.

문서를 통해 상대방에게 본인의 의사를 전달하기도 하고 상대방을 설득하기도 한다. 이때 문서에 포함되어 있는 핵심내용을 정확히 이해하고, 자신이 해야 할 일을 파악하는 능력이 문서이해능력이다. 문서이해능력은 직업현장에서 자신의 업무와 관련된 인쇄물이나 기호화된 정보 등 필요한 문서를 확인해서 문서를 읽고, 내용을 이해하고 요점을 파악하는 능력이다. 즉, 문서에서 주어진 문장이나 정보를 읽고 이해하고 자신에게 필요한 행동이 무엇인지 추론할 수 있어야 하며, 도표, 수, 기호 등도 이해하고 표현할 수 있는 능력이다(한국산업인력공단, 2016b).

문서를 제대로 이해하지 못하면 자신에게 주어진 업무가 무엇인지, 자신에게 요구되는 행동이 무엇인지를 파악하지 못해서 원만한 직장생활을 하기가 어렵다. 이처럼 문서이해능력은 모든 직업인에게 기본적으로 요구되고 갖추어야 할 경쟁력이다.

문서이해능력에 대한 정의를 간단히 정리하면 다음과 같다.

- 문서를 읽고 이해할 수 있는 능력
- 각종 문서나 자료에 수록된 정보를 확인하여, 알맞은 정보를 구별하고 비교하여 통합할 수 있는 능력
- 문서에 나타난 타인의 의견을 이해하여 요약하고 정리할 수 있는 능력

2) 문서이해의 절차

우리는 일상생활이나 직장생활에서 다양한 활동을 하면서 수많은 문서를 읽어야 한다. 하지만 주어진 문서를 빠르고 정확하게 이해하기 위해서는 각 문서에서 꼭 알아야 하는 중요한 내용만을 골라 필요한 정보를 수집해서 종합하는 능력이 필요하다. 즉, 다양한 종류의 문서를 읽고 구체적인 절차에 따라 문서를 이해해야 한다.

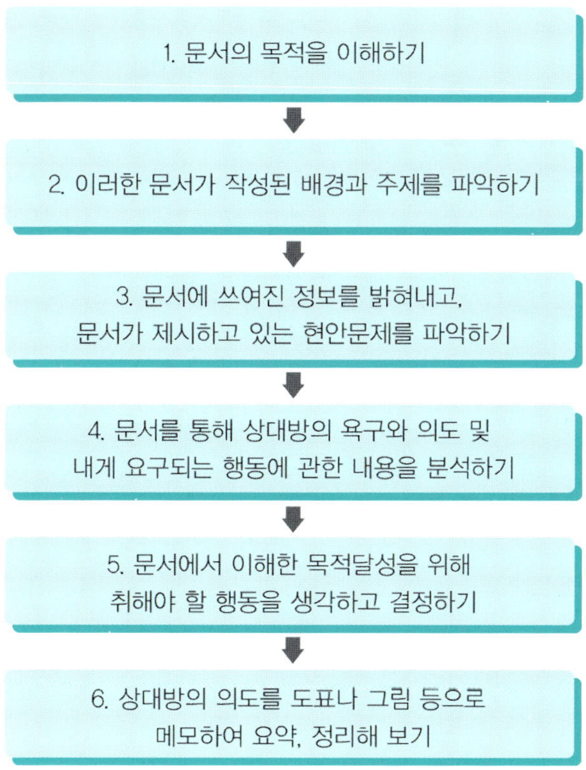

❙그림 3-1❙ 문서이해의 구체적인 절차

2. 문서의 종류

우리는 직장생활에서 수많은 문서를 접하고 모든 업무는 "문서에서 시작하여 문서로 끝난다"고 할 정도로 업무활동의 대부분이 문서로 이루어져 있다. 문서의 종류는 다양하고, 각 문서에 따라 용도가 다르다.

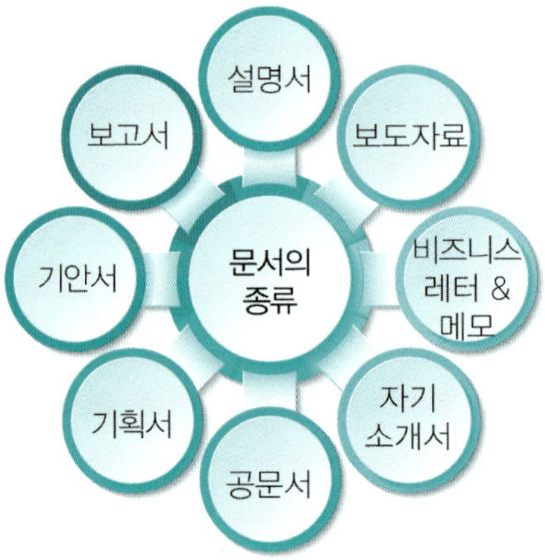

Ⅰ그림 3-2Ⅰ 문서의 종류

1) 기안서

회사의 업무에 대한 협조를 구하거나 의견을 전달할 때 작성하며, 흔히 사내 공문서로 불린다.

2) 공문서

행정상 공문서라고 함은 행정기관 또는 공무원이 직무상 작성하고 처리한 문서 및 행정기관이 접수한 모든 문서를 말한다. 즉, 행정기관에서 대내적, 대외적 공무를 집행하기 위해 작성하거나 시행하는 문서(도면·사진·디스크·테이프·필름·슬라이드·전자문서 등의 특수매체기록을 포함함)와 행정기관이 접수한 모든 문서를 의미한다. '전자문서'란 컴퓨터 등 정보처리능력을 가진 장치에 의하여 전자적인 형태로 작성되거나 송신·수신 또는 저장된 문서를 말한다.

(1) 공문서의 종류

문서의 성질에 따라 공문서를 구분하면 다음과 같다.

〈표 3-1〉 공문서의 종류

구 분	세부내역
법규문서	주로 법규사항을 규정하는 문서로서 헌법·법률·대통령령·총리령·부령·조례 및 규칙 등에 관한 문서
지시문서	행정기관이 그 하급기관 또는 소속공무원에 대하여 일정한 사항을 지시하는 문서로서 훈령·지시·예규 및 일일명령 등
공고문서	행정기관이 일정한 사항을 일반에게 알리는 문서로서 고시·공고 등
비치문서	행정기관이 일정한 사항을 기록하여 행정기관 내부에 비치하면서 업무에 활용하는 대장·카드 등의 문서
민원문서	민원인이 행정기관에 허가·인가·기타 처분 등 특정한 행위를 요구하는 문서 및 그에 대한 처리 문서
일반문서	위의 각 문서에 속하지 아니하는 모든 문서로서 회보, 보고서 등

(2) 공문서의 효력

문서의 성립과 효력 발생은 다음과 같다(서울특별시교육연수원, 2016).

① 문서는 결재권자가 해당 문서에 서명(전자이미지서명, 전자문자서명 및 행정전자서명을 포함)의 방식으로 결재함으로써 성립한다.

② 문서는 수신자에게 도달(전자문서의 경우는 수신자가 관리하거나 지정한 전자적 시스템 등에 입력되는 것을 말함)됨으로써 효력을 발생한다.

③ 공고문서는 그 문서에서 효력발생 시기를 구체적으로 밝히고 있지 않으면 그 고시 또는 공고 등이 있은 날부터 5일이 경과한 때에 효력이 발생한다.

3) 기획서

기획서는 아이디어를 체계적으로 정리한 것이다. 아이디어를 구체화하고 체계적으로 정리하여 상대방에게 그것이 채택되도록 만드는 문서이다.

Plus Point 기획 소질 테스트

☞ 다음 질문 중 자신이 해당하는 문항에 ○표 해보자.

1. 나는 다양한 책을 읽는 편이다. ( )
2. 나는 말을 할 때 상대방의 의도를 깊이 생각한다. ( )
3. 나는 다양한 아이디어가 샘솟는 편이다. ( )
4. 나는 수치에 매우 민감한 편이다. ( )
5. 나는 노래방에서도 가사를 안 보고 노래를 부른다. ( )
6. 나는 주변 사물에 대해서 관찰을 잘 한다. ( )
7. 나는 낯선 사람 앞에서도 주도적으로 이야기할 수 있다. ( )
8. 나는 창의력이 있다는 말을 듣는 편이다. ( )
9. 나는 새로운 환경에 적응이 빠른 편이다. ( )
10. 나는 매사에 빈틈이 없고 꼼꼼한 편이다. ( )
11. 나는 적극적인 사고를 하는 편이다. ( )
12. 나는 계획을 위해 다이어리를 상세히 적는다. ( )
13. 나는 문장력이 있다는 말을 듣는다. ( )
14. 나는 컴퓨터에 능숙한 편이다. ( )
15. 나는 생각을 잘 그리는 편이다. ( )
16. 나는 컴퓨터가 없어도 생각을 잘 정리할 수 있다. ( )
17. 나는 누군가에게 기획을 배운 적이 있다. ( )
18. 나는 언제나 메모할 준비를 하고 있다. ( )
19. 나는 지고는 못 사는 사람이다. ( )

기획소질 테스트 결과(○의 숫자를 합하시오)

▸ 17개 이상
당신은 언제라도 멋진 기획서를 잘 작성할 수 있는 사람이다. 당신은 인생을 주도적으로 살아가는 사람으로 기획력을 가지고 있다. 상황에 따라 적절하게 자신의 메시지를 만들 수 있는 사람이다.

▸ 13~16개
당신은 기획서를 막판에 몰아 밤새워서 작성하는 경향이 있는 사람이다. 전체적으로 의사결정 판단이 늦다. 제일 먼저 시간표부터 짜는 것이 좋다.

▸ 10~12개
당신은 기획서를 만들라고 하면 스트레스를 많이 받는 사람이다. 아직 기획을 많이 해본 것은 아니다. 전문적인 지식을 쌓을 필요가 있다.

▸ 9개 이하
당신은 아직 기획서를 작성하기에는 턱없이 부족한 상태이다. 당신은 창의적이며 적극적인 기획에 대한 관심이나 경험을 가져야 한다. 치열한 비즈니스 환경에서 살아남기 위해서는 창의적인 기획을 해야 할 필요가 있다.

출처 : 윤영돈(2015). 기획서마스터, pp. 57-58.

4) 보고서

특정한 일에 관한 현황이나 그 진행 상황 또는 연구·검토 결과 등을 보고하고자 할 때 작성하는 문서이다.

〈표 3-2〉 **보고서의 종류**

종 류	개 념
영업보고서	재무제표와 달리 영업상황을 문장 형식으로 기재해 보고하는 문서
결산보고서	진행되었던 사안의 수입과 지출결과를 보고하는 문서
주간업무보고서	한 주간에 진행된 업무를 보고하는 문서
일일업무보고서	매일의 업무를 보고하는 문서
출장보고서	회사 업무로 출장을 다녀와 외부 업무나 그 결과를 보고하는 문서로서, 민원 조사, 현장 확인, 회의참석 내용 등에 대한 정보를 담은 보고서
회의보고시	회의 결과를 정리해 보고하는 문서

5) 설명서

대개 상품의 특성이나 사물의 성질과 가치, 작동 방법이나 과정을 소비자에게 설명하는 것을 목적으로 작성한 문서이다.

〈표 3-3〉 설명서의 종류

종 류	개 념
상품소개서	일반인들이 친근하게 읽고 내용을 쉽게 이해하도록 하는 문서로, 소비자에게 상품의 특징을 잘 전달해 상품을 구입하도록 유도하는 것이 궁극적 목적
제품설명서	제품의 특징과 활용도에 대해 세부적으로 언급하는 문서로, 제품 구입도 유도하지만 제품의 사용법에 대해 더 자세히 알려주는 것이 주 목적

6) 보도자료

정부 기관이나 기업체, 각종 단체 등이 언론을 상대로 자신들의 정보가 기사로 보도되도록 하기 위해 보내는 자료이다.

7) 자기소개서

개인의 가정환경과 성장과정, 입사 동기와 근무자세 등을 구체적으로 기술하여 자신을 소개하는 문서이다. 취업용 자기소개서는 기업의 인재상이나 지원업무를 수행하는 데 자신이 적합한 사람임을 설득하는 글이다.

8) 비즈니스 레터(E-mail) & 비즈니스 메모

비즈니스 레터는 사업상의 이유로 고객이나 단체에 편지를 쓰는 것이며, 직장업무나 개인 간의 연락, 직접 방문하기 어려운 고객관리 등을 위해 사용되는 비공식적 문서이나, 제안서나 보고서 등 공식적인 문서를 전달하는 데도 사용된다.

비즈니스 메모는 업무상 필요한 중요한 일이나 앞으로 체크해야 할 일이 있을 때 필요한 내용을 메모형식으로 작성하여 전달하는 글이다.

〈표 3-4〉 **비즈니스 메모의 종류**

종 류	개 념
전화메모	업무적인 내용부터 개인적인 전화의 전달사항 등을 간단히 작성하여 당사자에게 전달하는 메모로, 휴대폰의 발달로 현저히 줄어듦
회의메모	회의에 참석하지 못한 상사나 동료에게 전달 사항이나 회의 내용에 대해 간략하게 적어 전달하거나, 회의 내용 자체를 기록하여 회의의 기록이나 참고자료로 남기기 위해 작성한 메모로서 월말이나 연말에 업무 상황을 파악하거나 업무 추진에 대한 궁금증이 있을 때 핵심적인 자료 역할을 함
업무메모	개인이 추진하는 업무나 상대의 업무 추진 상황을 메모로 적는 형태

학습내용 요약

1. 문서란 제안서, 보고서, 기획서, 편지, 이메일, 팩스, 메모, 공지 사항 등 문자로 구성된 것을 말한다. 사람들은 일상생활에서는 물론 여러 직업현장에서 다양한 문서를 자주 사용한다. 그리고 이런 문서를 통하여 상대방에게 효율적으로 의사를 전달함으로써 자신의 의사를 바탕으로 상대를 설득하고자 한다.

2. 문서이해능력이란 직업현장에서 자신의 업무와 관련된 인쇄물이나 기호화된 정보 등 필요한 문서를 확인하여 문서를 읽고, 내용을 이해하고 요점을 파악하는 능력이다.

3. 우리는 직업생활에 있어 자신에게 주어진 각종 문서를 읽고 적절히 이해하여야 하며, 각종 문서나 자료에 수록된 정보를 확인하여, 알맞은 정보를 구별하고 비교하여 통합할 수 있어야 한다. 또한 문서에서 주어진 문장이나 정보를 읽고 이해하여, 자신에게 필요한 행동이 무엇인지 추론할 수 있어야 하며, 도표, 수, 기호 등도 이해하고 표현할 수 있어야 한다.

4. 수많은 직업이 있고, 그에 따라 각 분야에서 이해해야 하는 문서의 종류도 다양하다. 다양한 문서를 얼마나 빨리 이해하고 능숙하게 업무를 처리하느냐가 업무의 성과에 상당한 영향을 미치기 때문에 자신에게 필요한 문서가 무엇인지 파악하여 그에 요구되는 문서이해능력을 키워야 한다.

5. 직업인은 주어진 문서를 빠르고 정확하게 이해하기 위해서 문서를 이해하는 구체적인 절차를 알고, 다양한 문서를 접하면서 문서이해의 구체적인 절차에 따라 문서이해능력을 키우기 위해 부단히 연습해야 한다.

CHAPTER 04

문서작성능력

문서작성능력은 직업생활에서 목적과 상황에 적합한 아이디어와 정보를 전달할 수 있는 문서를 작성하는 능력이다. 직업인은 자신에게 주어진 업무나 자신을 둘러싸고 일어나는 상황에서 필요한 문서가 무엇인지 이해하고 작성할 때 조직의 요구에 효과적으로 부응할 수 있다. 따라서 다양한 문서를 이해하고, 상황과 목적에 맞는 문서작성능력을 갖출 필요가 있다.

HAPTER 04

문서작성능력

학습내용

제1절 문서작성의 이해

제2절 문서작성의 실제

학습목표

1. 문서작성의 개념 및 구성요소를 설명할 수 있다.
2. 종류와 상황에 따른 문서작성을 설명할 수 있다.

주요 용어

문서작성, 문서의 구성요소, 문서작성의 원칙, 문서작성 시 주의사항

1. 문서작성의 이해

1) 문서의 개념

실제로 대부분의 직장생활은 아침에 이메일을 확인하는 것에서 시작해서 대부분의 시간을 문서를 작성하는 것으로 보낸다. 맡은 업무에 따라 차이가 나지만, 대부분의 직장인은 회사에 출근해서 간단한 메모부터 회의기록, 거래처에 보내는 이메일, 보고서, 제안서, 각종 기획서 등 매우 다양한 글쓰기를 통해 문서를 생산하고 사용한다. 그러나 대다수의 직장인은 글쓰기에 두려움을 느끼고 있고, 젊은 층에서는 인터넷 용어를 많이 사용하다 보니 맞춤법이 틀리는 경우도 비일비재하다.

직장인에게 있어 문서작성은 직장생활의 업무와 관련된 것이 대부분이다. 개인적인 이메일뿐만 아니라 문서를 통한 업무보고가 당연시되는 시대가 되면서 직업인은 자신의 생각을 논리정연하게 표현해야 하는 문서작성능력이 더욱 절실히 필요해졌다.

문서는 제안서・보고서・기획서・편지・메모・공지사항 등이 문자로 구성된 것이다. 문서는 같은 직장에서 근무하는 사람 간의 의사소통 수단이자 자신의 업무능력을 평가받는 수단이 될 수 있다. 그리고 조직의 성과 창출을 위한 중요한 업무와 밀접히 관련된다. 문서작성능력은 상황과 목적에 적합한 문서를 시각적이고 효과적으로 작성하기 위한 능력이다. 아무리 성실히 업무를 수행하더라도 상황과 목적에 맞는 문서를 작성하지 못하면 자신의 능력을 제대로 평가받을 수 없다. 따라서 직장생활에서의 문서작성능력은 상당히 중요하다.

2) 문서작성의 구성 요소

문서는 왜 작성해야 하며, 문서를 통해 무엇을 전달하려 하는지 명확히 한 후에 작성해야 한다. 문서를 작성할 때에는 작성하는 개인의 사고력과 표현력이 총동원되어야 한다. 문서에는 대상과 목적, 시기가 포함되고 기획서나 제안서 등의 문서의 경우 기대효과 등이 포함되어야 한다.

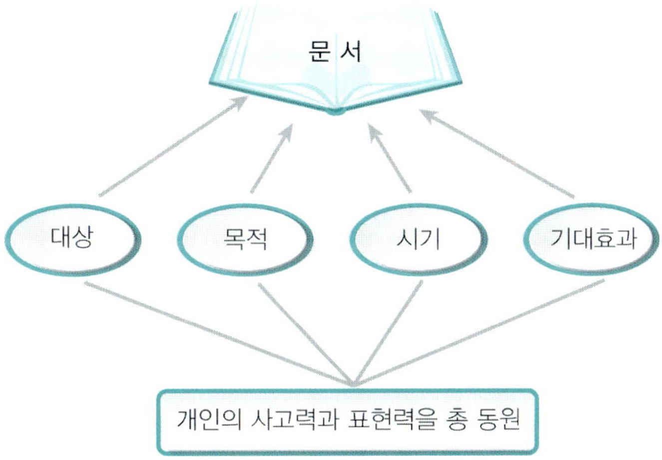

| 그림 4-1 | 문서작성의 구성요소

2. 문서작성의 실제

1) 문서작성의 원칙과 주의사항

직업인이 작성하는 문서는 치열한 경쟁상황에서 상대를 설득하거나 조직의 의견을 전달하는 기능을 하는 공적인 문서이다. 따라서 길이가 길거나 나열만 해서는 안 된다. 그리고 전체 흐름이 일관성이 있고 객관적인 근거가 포함되어야 한다. 문서를 작성할 때는 다음의 기본적인 다섯 가지를 확인해야 한다.

- 짜임새 있는 골격
- 객관적이고 논리적이며 체계적인 내용
- 이해하기 쉬운 내용
- 설득력 있는 문장
- 세련되고 인상적인 레이아웃

(1) 문서작성의 원칙

문서작성의 원칙은 다음과 같다(한국산업인력공단, 2016b).

① 문장을 짧고, 간결하게 작성한다.

② 상대방이 이해하기 쉽게 쓴다.

③ 꼭 필요한 경우 외에는 한자나 영어의 사용을 자제한다.

④ 간결체로 작성한다.

⑤ 문장은 긍정문으로 작성한다.

⑥ 간단한 표제를 붙인다.

⑦ 문서의 주요 내용을 먼저 쓴다.

(2) 문서작성 시 주의사항

문서작성 시 주의해야 할 사항은 다음과 같다(한국산업인력공단, 2016b).

① 문서는 육하원칙에 의해서 쓴다.

② 문서는 작성시기가 중요하다.

③ 문서는 한 사안을 한 장의 용지에 작성한다.

④ 문서작성 후 반드시 다시 한 번 내용을 검토한다.

⑤ 문서의 첨부 자료는 반드시 필요한 자료 외에는 첨부하지 않는다.

⑥ 문서내용 중 금액, 수량, 일자 등의 기재에 정확성을 기해야 한다.

⑦ 문장표현은 작성자의 성의가 담기도록 경어나 단어사용에 신경을 쓴다.

2) 종류에 따른 문서작성 방법

직장생활에서 사용되는 문서는 상황과 목적에 따라 다양하게 필요하고 각각의 문서에 따라 성격도 다르다. 예를 들어, 이메일은 일반적으로 개인적인 의사소통 수단이지만, 회사업무 보고서나 고객에게 보낼 때는 업무의 연장선이 된다. 문서의 종류에 따라 적절한 문서를 작성하고 제시하는 능력은 꼭 필요하다.

다음은 문서의 종류에 따른 문서작성 방법이다(한국산업인력공단, 2016b).

(1) 공문서

행정상 공문서란 행정기관 또는 공무원이 직무상 작성하고 처리한 문서 및 행정기관이 접수한 모든 문서를 의미한다.

① 공문서 작성의 절차

문서의 기안
• 기관의 의견을 결정하기 위하여 문안을 작성하는 것으로 상사의 지시 또는 법령에 근거하거나 자기 발안에 의하여 작성 • 기안자 : 업무담당자 선결권자가 지정하는 해당 문서의 처리 담당자

⬇

결 재
• 결재는 기관의사를 결정할 권한이 있는 자가 그 의사를 결정하는 행위(결재, 전결, 대결 등)

⬇

문서의 등록
• 결재된 모든 문서는 문서번호를 부여하여 문서등록대장에 등록, 관리(문서번호가 부여된 문서는 삭제처리 불가)

⬇

문서의 시행
• 문서에 의한 기관의 의사표시의 최종 단계 • 일반적인 문서발송, 관보게재, 공고 및 모사전송 등

⬇

문서의 편철, 정리 및 폐기
• 최초문서(1월)가 위에, 최근문서(12월)가 아래로 편철하되 100매를 기준으로 파일표지에 철함 • 문서의 정리는 매년 3월 31일까지 전년도에 생산을 완결한 기록물에 대하여 행정안전부령이 정하는 바에 따라 분류, 편철 확정 등을 해야 함

② 공문서 작성의 일반 원칙

문서 작성의 일반 원칙은 다음과 같다(최애경 외, 2018).

<table>
<tr><th>구 분</th><th>유의 사항</th></tr>
<tr><td>작성 전</td><td>• 문서작성 목적을 정확하게 파악
• 목적에 맞는 정보를 수집, 선택
• 수집·정리한 정보를 기안 목적에 맞게 초안으로 작성하고 검토</td></tr>
<tr><td>작성 중</td><td>• 어문규범을 준수하여 한글로 작성하되 특별한 사유가 없으면 이해하기 쉬운 용어를 사용해야 한다.
• 문서의 내용은 간결하고 명확하게 개조식으로 표현
• 일반화되지 않은 약어와 전문용어 등의 사용을 피해 작성
• 쉬운 우리말을 사용
• 국립국어원 등에서 선정한 행정용어 순화어를 활용
• 육하원칙에 의거하여 작성하고, 애매한 표현이나 과장된 표현을 피함
• 문서작성 시 일반적인 원칙은 다음과 같음
- 숫자 : 아라비아 숫자 표기
- 날짜 : 숫자 표기, 연·월·일 글자 대신 마침표(.) 표시
〈예시〉 2020. 12. 23.
- 시간 : 24시각제, 시·분 글자 대신 쌍점(:)으로 표시
〈예시〉 오후 3시 20분 (×) → 15:20 (○)
- 금액 : 아라비아 숫자, 숫자 다음에 괄호를 하고 한글로 기재
〈예시〉 금113,560원(금일십일만삼천오백육십원)</td></tr>
<tr><td>작성 후</td><td>• 작성 후에는 반드시 다시 읽어보고 내용이 쉽게 이해되는지, 빠지거나 틀린 부분은 없는지, 더 필요한 부분은 없는지 검토·확인하여 수정
• 두문과 결문의 구성 요소를 종합하여 검토한다. 수신자의 지정, 결재권자 이름, 기안자 이름, 전화번호, 전자우편 주소, 기안일자 등을 반드시 확인</td></tr>
</table>

출처 : 행정안전부(2020). 행정업무운영편람.

③ 문서의 기안

㉠ 문서의 용어

글 자	• 한글 맞춤법 통일안 및 표준어 규정에 따라 가로쓰기로 작성함 • 문서는 쉽고 간명하게 한글로 작성하되, 올바른 뜻의 전달을 위하여 필요한 경우에는 괄호 안에 한자나 그 밖의 외국어를 넣어 쓸 수 있음
숫 자	• 원칙적으로 아라비아 숫자를 씀 • 순서를 붙일 필요가 있는 문서는 로마자를 사용하기도 함
날 짜	• 날짜는 숫자로 표기하되 연, 월, 일의 글자는 생략하고 그 자리에 마침표를 찍어 표시함 • 월, 일 표기 시 '0'은 표기하지 않음 예 2020년 6월 11일 → 2020. 6. 11.
시 각	• 24시각제에 따라 숫자로 표기하되, 시・분의 글자는 생략하고 그 사이에 쌍점(:)을 찍어 구분 예 오후 1시 30분 → 13 : 30

㉡ 문서의 수정

- 문서의 일부분을 삭제 또는 수정하는 경우에는 원안의 글자를 알 수 있도록 삭제 또는 수정하는 글자의 중앙에 가로로 두 선을 그어 삭제 또는 수정하고, 삭제 또는 수정한 자가 그곳에 서명 또는 날인한다.
- 전자문서일 경우 수정한 내용대로 재작성하여 시행하되, 수정 전의 문서는 처리과의 장이 보존할 필요가 있다고 인정하는 경우에는 이를 보존한다.

㉢ 문서항목의 구분

- 문서의 내용을 2 이상의 항목으로 구분하여 작성하고자 할 때에는 다음과 같이 나누어 표시
- 항목구분 : 1. - 가. - 1) - 가) - (1) - (가) - ① - ㉮ 의 순으로 구분

㉣ 문서의 끝 표시

- 본문이 끝났을 경우 : 1자(2타) 띄우고 "끝"자를 씀

  예 주시기 바랍니다.∨∨끝.

- 첨부물이 있는 경우 : 첨부의 표시를 한 다음에 1자(2타) 띄우고 "끝"자를 씀

  예 첨부 1. 서식승인 목록 1부.

  2. 승인서식 2부.∨∨끝.

(2) 설명서

명령문보다 평서형으로 작성하고, 상품이나 제품에 대해 설명하는 글의 성격에 맞추어 정확하게 기술한다. 또한 정확한 내용전달을 위해 간결하게 작성하며, 소비자들이 이해하기 어려운 전문용어는 가급적 사용을 삼간다. 복잡한 내용은 도표를 통해 시각화하여 이해도를 높이고, 동일한 문장 반복을 피하고 다양하게 표현하도록 한다.

(3) 기획서

좋은 기획서는 채택되는 기획서이다. 기획서에 대한 평가는 채택되는지, 그렇지 못한지에 달려 있다. 직장이라면 단순히 업무만 수행하는 것이 아니라 적극적으로 아이디어를 내고 기획해서, 문서 형태로 만들어 제출하는 능력이 필요하다. 그래서 많은 직장인들이 기획서를 어떻게 쓸 것인지 고민하다가 결국에는 다른 기획서를 베끼는 경우가 많다.

다음은 기획서를 쓸 때 참고할 내용이다.

① 기획서는 눈에 확 띄어 채택되어야 하기 때문에 표지, 제목, 레이아웃 등에 신경을 써야 한다.

② 기획서 작성 전에는 기획서의 목적을 달성할 수 있는 핵심 사항이 정확히 기입되었는지 확인한다.

③ 하나의 기획서에는 하나의 목적만 담아 기획의도가 분명히 드러나도록 해야 한다.

④ 기획서는 상대에게 어필해 상대가 채택하게끔 설득력을 갖추어야 하므로, 상대가 요구하는 것이 무엇인지 고려하여 작성한다.

⑤ 내용이 한눈에 파악되도록 체계적으로 목차를 구성하도록 한다.

⑥ 핵심 내용의 표현에 신경을 써야 한다.

⑦ 효과적인 내용전달을 위해 내용과 적합한 표나 그래프를 활용하여 시각화하도록 한다.

⑧ 충분한 검토를 한 후 제출하도록 한다.

⑨ 인용한 자료의 출처가 정확한지 확인한다.

(예시)

신간 도서 기획서

제목 : 콜라와 체리가 만나서 무슨 일이 벌어졌을까?

1. 개요

세계의 최고 기업을 통해 어린이 경제교육 관련 학습도서 출간 기획

2. 현재 상태

어린이 학습도서류의 지속적인 성장 추세가 이어지고 있다. 그러나 어린이들이 흥미롭게 접근할 수 있는 경제서적은 드문 상태이다.

3. 목표

세계 최고 기업들의 역사와 경영사례들을 통해 어린이에게 경제적 마인드를 심어주고 미래의 꿈과 비전을 길러주는 어린이 경제교육 학습도서로 학부모와 어린이들의 관심을 끌어 베스트셀러가 되게 한다.

4. 구성

1) 3권의 시리즈물

2) 사실성, 드라마성, 코믹성, 지식 제공의 기본 원칙을 지킴

3) 각 권 총 7개의 장으로 100여 쪽

4) 애니메이션적이고 옛날 이야기적인 구성으로 흥미롭게 이야기를 끌어감

5. 제작 기간

5개월

6. 기대효과

어렵고 딱딱하기만 했던 경제에 관한 이야기가 아이들에게 옛날이야기와 애니메이션의 형식으로 쉽게 전달될 수 있으므로 '아동경제실용' 부문의 새로운 시장을 개척하며 성공할 수 있을 것으로 기대됨

2023년 2월 25일

기획팀 대리 ○○○

〈나의 기획서를 만들어 보자〉

기획서

제목 :

1. 개요

2. 현재 상태

3. 목표

4. 구성
 1)
 2)
 3)

5. 제작 기간

6. 기대효과

년 월 일

작성자

(4) 보고서

보고서란 특정 업무의 현황이나 진행 상황 및 해결방안 또는 연구·검토결과 등을 정책결정권자, 정책대상자, 직장상사 등에게 보고하거나 건의하기 위해 작성하는 문서이다. 보고서의 일반적인 작성원칙은 다음과 같다.

① 보고서의 관점

- 보고받는 사람의 관점에서 작성한다.

② 문장 및 문체

- 최대한 간단명료하게 작성한다.

③ 내용

- 핵심사항을 중심으로 작성한다.
- 일반적인 글쓰기와 크게 차이는 없지만, 결론이나 보고할 중요한 사항부터 먼저 작성하는 것이 바람직하다.
- 복잡한 내용일 때에는 그래프, 도표나 그림 등을 활용해 내용을 파악하기 쉽게 만들면 좋다.
- 명료한 어휘를 사용하되, 너무 과도한 압축적인 사용은 본래의 뜻이 왜곡될 수 있으므로 조심해서 작성한다.
- 가급적 육하원칙에 의거해 작성한다.
- 불필요한 미사여구나 수식어, 애매한 표현이나 과장은 지양한다.
- 보고서 작성 목적, 현황, 개선방안 및 추진계획을 명확하게 기술한다.
- 글이 길어질 때는 중간 제목을 넣는 것도 한 방법이다.
- 객관성과 정확성을 기하기 위해 참고자료는 정확하게 제시한다.
- 제출하기 전에 반드시 최종점검을 한다.
- 내용에 대한 예상 질문을 사전에 추출해 보고, 그에 대한 답을 미리 준비한다.

④ 보고서 유형별 작성요령

종 류	작성 요령
사업계획보고서	• 새로운 사업을 추진하거나 기존의 사업을 수정・보완하여 시행하고자 할 때 작성되는 보고서로 영업보고서, 결산보고서, 일일업무보고서 등 직장에서 작성되는 대부분의 보고서가 해당된다. 어린이집, 유치원, 초중등학교, 사회복지시설 등에서 작성하는 주요 업무계획 등의 대부분의 계획서도 이에 해당된다. • 일반적으로 추진배경, 현황(실태), 문제점, 사업목표(비전, 방향 등), 개선방안(주요 과제, 대책), 세부실행계획, 기대효과, 행정사항의 목차에 따라 작성한다.
행사보고서	• 일상적인 행사인 경우 행사계획보고서로 추진되며, 간단하고 반복적인 행사(시무식, 각종 수여식 등)인 경우에는 행사진행 시나리오로 대체하기도 한다. • 대규모 행사로서 행사의 진행과정과 결과를 분석하여 다음 연도 행사에 반영할 필요가 있을 때에는 별도의 결과보고서를 작성한다.
회의보고서	• 회의계획보고서, 회의결과보고서(회의록)의 형태로 주로 작성한다.
현안(사안)보고서	• 일반적으로 사업을 추진하는 중간에 진행상황을 수요자(상급자, 상급기관 등)가 필요로 할 때에나 특정 사건(언론보도, 민원사항 등)이 발생 시 보고하고 유관기관과의 협력을 이끌어 내기 위해 작성한다. • 재난피해상황보고서, 민원보고서, 긴급예산요구서, 의회업무보고서, 행정사무감사 시 추진상황(결과)보고서 등이 있으며, 간략하게 핵심적인 사항을 정리한 one paper 형태로 작성한다.
출장보고서	• 출장 목적을 한눈에 알아볼 수 있도록 핵심단어를 사용하여 작성하는 것이 중요하다. 예 "출장보고서" → "○○○○에 따른 현장 확인 결과 보고" • 출장목적, 출장일시, 출장자, 출장장소(대상 현황) 등을 작성한다.

한편 영업중심의 업무보고서의 종류는 다음과 같다(브랜던 로열, 2015).

타당성조사보고서

요약문
목차
서론
조사결과
  1) 시장규모
  2) 경쟁업체
  3) 시장진입전략
  4) 운영자금 조달
결론
제안사항
부록

비교조사보고서

요약문
목차
서론
조사결과
  1) 매출 분석
  2) 비용 분석
  3) 순익 분석
결론
제안사항
부록

평가조사보고서

요약문
목차
서론
조사결과
  1) 고객 설문 내용
  2) 등급평가 결과
  3) 서술형 답변 결과
결론
제안사항
부록

비용조사보고서

요약문
목차
서론
조사결과
  1) 물미끄럼틀
  2) 실내 오락시설
  3) 독서실
결론
제안사항
부록

(5) 자기소개서

자기소개서는 자신만의 스토리를 보여주는 수단이다. 당신이 지원하고자 하는 회사는 똑같은 판에 박힌 자소서는 거들떠보지도 않을 것이다. 이런 점에서 뭔가 당신을 어필하고 당신의 경험을 잘 정리해서 보여줄 나만의 자기소개서가 필요하다. 다음은 자기소개서를 작성할 때 점검할 내용이다.

① 제출 전

지원회사의 인재상, 가치관 등 지원회사에 대한 분석으로 자기소개서 작성을 준비한다. 지원 회사의 경영목표와 비전, 철학을 파악하고 이에 맞는 지원동기와 입사 후 포부를 작성한다.

② 작성 중

취업용 자기소개서에는 일반적으로 성장과정, 성격의 장단점, 학력 및 경력사항, 지원동기 및 입사 후 포부 등이 들어간다. 다음은 일반적인 자기소개서에 담아야 할 항목과 작성원칙이다.

〈표 4-1〉 **자기소개서 작성 시 유의사항**

항 목	내 용
성장과정	• 지원회사의 인재상과 부합하는 가치관을 선택한다. • 성장과정을 드러낼 경험은 되도록 최근 대학교 경험을 선택한다. • 기승전결 구조를 통해 성장과정과 가치관을 제시한다.
성격의 장단점	• 되도록 부정적인 영향을 미칠 수 있는 단점은 언급하지 않는다. • 직무와 관련된 장점 위주로 제시한다. • 단점보다는 장점에 대한 내용을 좀 더 많이 제시한다.
지원동기	• 기업을 분석하여 자신의 경험과 관련짓는다. • 기업에 기여할 수 있는 역량을 드러낸다. • 지원회사에 기여할 수 있는 참신한 문장을 첫 번째 줄에 제시한다.

입사 후 포부	• 회사의 비전을 먼저 파악한 후 업무와 관련된 포부를 제시한다. • 포부를 이루기 위한 전략을 구체적으로 제시한다. • 장단기 전략을 제시한다.
위험극복, 목표달성 경험	• 위험을 극복한 경험의 경우 구체적으로 작성한다. • 기업의 가치관과 부합되는 당신의 가치관을 제시한다. • 어떤 역량을 이용해서 위험을 극복하고 목표를 달성했는지 진술한다.

출처 : 윤종혁・해커스취업교육연구소(2017).

도서관 사서 지원자의 자기소개서를 예시로 들어 이를 설명하고자 한다.

㉠ 성장과정

성장과정에서 가장 강조할 부분은 지원 회사의 인재상이나 직무분야의 업무를 고려하면서 직무와 관련된 기본 소양을 지속적으로 길러왔다는 것을 보여주어야 한다. 이때 지원회사의 인재상에 맞추어서 성장과정의 에피소드를 중심으로 서술한다.

> 제 부모님께서는 저에게 공부를 하라고 강요하시는 분들이 아니었습니다. 오히려 시험기간이 되면 저를 자유롭게 두고 주말에 쉬고 싶을 때는 쉬도록 두셨습니다. 부모님은 저의 선택을 존중해 주셨는데, 그것이 저에게는 좋은 영향을 주었습니다. 자기 스스로 공부를 해야 할 필요를 느끼게 했고, 어렸을 때부터 스스로 공부 계획을 세우고 제 의지에 의해서만 공부할 수 있게 해주었습니다. …(중략)… 제 부모님께서는 제 선택을 존중해 주셨고 저도 제가 세운 목표에 책임감을 갖고 끝까지 해내야겠다고 다짐했습니다.

㉡ 성격의 장단점

성격의 장단점도 직무와 연관된 내용을 쓰는 것이 바람직하다. 이때 자신의 장점이나 특기는 구체적으로 적는 것이 좋다. 원만한 대인관계, 외국어능력 등의 특기사항 등을 구체적으로 기술한다. 이때 지원자가 가지고 있는 장점이 지원회사의 업무를 수행하는 데 긍정적인 역할을 할 수 있는지와 관련지어 서술한다. 기업의 특성과 자신의 장점과의 공통성을 부각하여 기술하는 것도 좋다. 장점을 활용하여 문제가 생겼을 때 해결했던 경험과 입사 이후의 장점 활용 방안에 대해서도 서술한다.

또 단점을 쓸 경우, 치명적인 단점을 쓰는 것은 피하고, 이를 극복하기 위한 노력에 대해서 제시하는 것이 좋다.

> 저는 무엇이든지 확실한 것을 좋아하는 성격입니다. 어떤 목표가 정해지면 결과가 확실히 나타날 때까지 그것에 집중하면서 밀고 나가는 끈기가 있습니다. 때로는 '고집이 세다'는 말을 듣기도 하지만 주위 분들의 충고와 조언을 수용하고, 타인의 입장에서도 생각해 보는 등 단점을 보완하려 노력하고 있습니다. 제가 입사하게 된다면 '회사의 발전이 곧 나의 발전이다'고 생각하면서 회사의 목표를 달성하기 위해 끈기를 가지고 일해 나가겠습니다.

출처 : 배상복(2016), pp. 270-271.

ⓒ 학력 및 경력사항

학력 및 경력사항을 나열하기보다는 직무분야와 관련된 내용을 기술하는 것이 낫다. 예를 들어, 동아리활동, 봉사활동, 해외체험 등 자신이 경험했던 것을 직무분야와 관련하여 구체적으로 서술하는 것이 좋다.

> 저는 대학교 3학년 때 지역 도서관에서 봉사활동을 열심히 했습니다. 때문에 그 지역 주민들과 아이들을 위한 봉사를 주로 했습니다. 대출과 반납, 서가 정리는 물론 도서관을 직접 꾸며 보기도 하였고, 구입할 책 목록도 작성했고, 도서관에 들어오는 기증 도서 목록도 작성했습니다. 도서관 봉사활동 이외에도 행사나 전시회에서 아르바이트를 한 경험이 많습니다. 많은 분들께 "정말 친절하다", "계속 웃으시면서 응대해 주어서 정말 좋다" 등의 감사 인사를 많이 들었습니다. 저는 많은 이들에게 작은 것이든 큰 것이든 도움이 되는 것에 큰 기쁨과 보람을 가집니다. 저는 사람을 대하는 일을 할 때에 서비스와 친절을 가장 우선순위에 두고 있습니다. 이렇게 저는 이용자들에게 친절과 서비스 정신을 갖춘 사람으로 발전하기 위해 노력하고 있습니다.

㉣ 지원동기 및 입사 포부

지원하는 회사에 대한 사전 조사와 분석을 바탕으로, 직무분야와 밀접한 관련성을 보여주는 지원동기를 서술하는 것이 좋다. 입사 후 포부에는 어떤 성과를 얻고 싶은지 어떤 프로젝트에 참여하고 싶은지 구체적인 계획과 내용을 제시하는 것이 좋다. 그리고 꼭 필요한 인재라는 것을 보여주는 것이 필요하다.

> ○○지역 도서관은 일반 도서관과 달리 주로 아동과 청소년을 중심으로 특화된 도서관입니다. 그동안 제가 유치원 봉사활동과 청소년수련원에서 아르바이트를 한 경험을 활용하여 친절과 서비스정신으로 ○○지역 도서관의 주 이용 계층인 아동과 청소년과 소통하고 도움을 주고 싶습니다.

③ 제출 전 점검사항

입사지원서는 한 번에 써내려 갈 수 있는 것이 아니다. 충분한 시간을 가지고 작성한 후 여러 번의 검토와 수정이 좋은 지원서가 된다.

다음은 자기소개서를 제출하기 전에 마지막으로 점검할 사항이다.

- 쭉 읽어보면서 어색한 곳이 없는지 확인한다.
- 간결하고 명확한 문장으로 작성한다.
- 주어와 서술어의 호응을 파악한다.
- 의문이 떠오르지 않는지 확인한다.
- 맞춤법 및 띄어쓰기가 정확한지 확인한다.
- 지나치게 부풀려서 적지는 않았는지 확인한다.
- 보기 쉽게 단락을 구분한다.
- 다른 사람의 조언을 구한다.

(6) 비즈니스 E-mail

이메일이 개인 간의 연락을 넘어서 고객을 상대하는 직업에서는 중요한 업무수단이 되었다. 직장인에게 있어 이메일은 직장에서의 하루를 시작하며 업무를 처리하는 데 있어서 이메일을 통해 중요사항을 주고받기도 하는 등 일종의 중요한 수단이 되었다. 요즘은 이메일로 기획서와 제안서, 보고서까지 오고 간다. 따라서 이메일의 활용이 더 중요해지고 있다. 보내는 사람도 받는 사람도 편리하기 때문에 많이 사용하지만 읽히는 메일이 되기 위해서는 약간의 요령도 필요하다. 다음은 성공적인 비즈니스 이메일 작성요령이다.

- 내용을 함축적으로 담고 있는 제목을 다는 것이 좋다. 보고서, 긴급요청 등의 기호를 이용해 메일의 중요성과 내용을 처리하는 데 도움이 된다. 메일을 다시 열어볼 때에도 쉽게 찾을 수 있고 업무처리에도 도움이 된다.

- 이메일 본문은 인사, 본문(업무내용), 마무리(인사)의 과정으로 작성하며, 상대방에게 전하고자 하는 요점을 한눈에 파악할 수 있도록 쉽고 간략하게 작성하여야 한다.
- 업무메일을 보낼 때는 메일 하단에 직장 로고, 직장명, 부서명, 직함, 이름, 직장 사내 전화번호, 개인 전화번호, 직장 주소, 직장 팩스번호 등을 정확히 기재하여 상대방과 신속하고 피드백을 주고받을 수 있도록 한다.
- 가급적 파일은 첨부하지 않는 것이 낫다.

3) 상황에 따른 문서작성 방법

직장생활에서 요구되는 문서는 작성해야 하는 상황에 따라 그 내용이 결정되고, 내용에 따라 문서의 성격과 구성해야 할 내용이 결정된다.

(1) 요청이나 확인을 부탁하는 경우

업무를 추진하는 과정 중에 업무 내용과 관련된 요청사항이나 확인절차를 요구해야 할 때가 있다. 이러한 경우, 일반적으로 공문서를 활용하게 되는데, 공문서는 반드시 일정한 양식과 격식을 갖추어 작성하여야 한다.

(2) 정보제공을 위한 경우

직장생활에서 업무추진을 통해 일의 성과를 높이기 위해서는 적시에 유용한 정보를 제공할 수 있어야 한다. 자신과 부서에 대한 일반적인 정보뿐 아니라 행사를 개최하거나 제품을 개발했을 경우에도 필요한 정보를 제공해야 한다. 일반적으로 회사 자체에 대한 인력보유 홍보나 기업정보를 제공하는 경우가 있는데, 이러한 경우에는 홍보물이나 보도자료 등의 문서가 필요하다. 또한 제품이나 서비스에 대해 정보를 제공해야 하는 경우에는 설명서나 안내서 등이 필요하며, 정보제공을 위한 문서를 작성하고자 하는 경우에는 시각적인 자료를 활용하는 것이 효과적이다. 또한 모든 상황에서 문서를 통한 정보제공은 무엇보다 신속하고 정확하게 이루어져야 한다.

(3) 명령이나 지시가 필요한 경우

업무를 추진하다 보면 관련 부서나 외부기관, 단체 등에 명령이나 지시를 내려야 하는 일이 많다. 이런 경우 일반적으로 업무지시서를 작성한다. 업무지시서를 작성할 때는 상황에 적합하고 명확한 내용을 작성해야 한다. 또한 단순한 요청이나 자발적인 협조를 구하는 차원의 사안이 아니므로, 즉각적인 업무 추진이 실행되어야 한다.

(4) 제안이나 기획을 할 경우

직장생활에서는 업무에 대한 제안이나 기획을 수립해야 하는 경우가 많다. 제안서나 기획서의 목적은 업무를 어떻게 혁신적으로 개선할지, 어떤 방향으로 추진할지에 대한 의견을 제시하는 것이다. 그러므로 회사의 중요한 행사나 업무를 추진해야 할 경우 제안서나 기획서를 효과적으로 작성하는 것은 매우 중요하다. 제안이나 기획의 목적을 달성하기 위해서는 관련된 내용을 깊이 있게 담을 수 있는 작성자의 종합적인 판단과 예견적인 지식이 요구된다.

(5) 약속이나 추천을 위한 경우

약속은 고객이나 소비자에게 제품의 이용에 관한 정보를 제공하고자 할 때, 추천은 개인이 다른 회사에 지원하거나 이직을 하고자 할 때 일반적으로 상사가 작성해 주는 문서이다.

학습내용 요약

1. 직장에서의 문서작성은 업무와 관련된 일로 조직의 비전을 실현시키는 생존을 위한 것이라 할 수 있다. 그렇기 때문에 직업인으로서 문서작성은 개인의 의사표현이나 의사소통을 위한 과정으로서의 업무일 수도 있지만 이를 넘어 조직의 사활이 걸린 중요한 업무이기도 하다. 문서는 왜 작성하여야 하며, 문서를 통해 무엇을 전달하려 하는지 명확히 한 후에 작성해야 한다.

2. 문서작성은 직업생활에서 가장 기본이 되는 필수능력이다. 직장에서 문서는 같은 직장에서 근무하는 사람들의 의사소통의 수단이 될 수도 있고, 자신의 업무능력을 평가받을 수 있는 잣대가 될 수도 있다. 아무리 성실하게 업무를 수행하여도 상황과 목적에 맞는 적절한 문서를 작성하지 못하면 자신의 능력이 제대로 발휘될 수 없다.

3. 모든 문서에는 그에 맞는 문서작성 원칙과 주의사항이 있다. 직장에서의 문서작성은 일반 글에 비해 형식적인 면을 상당히 중요시한다. 내용 또한 일목요연하고 간단하게 전개해야 한다. 무엇보다도 개인적인 글이 아니고 직업생활에서 의무적으로 작성해야 하는 글인 만큼 문서에 따라 주의하며 정확하고 확실하게 작성해야 한다.

4. 문서는 내용을 효과적으로 전달할 수 있어야 잘 작성된 것이다. 길이가 길고 중구난방으로 나열한 글은 요점을 파악하기 어렵다. 그러므로 문서의 내용이 효과적으로 전달될 수 있도록 보기 쉽고, 이해하기 쉬우며, 숫자나 그래프 등으로 다채롭게 표시된 문서가 잘 작성된 문서라 할 수 있다.

5. 문서작성은 상황과 목적에 맞게 적절한 구조로 이루어져야 한다. 직업생활에서 요구되는 문서는 요청이나 확인을 부탁하는 경우, 정보제공을 위한 경우, 명령이나 지시가 필요한 경우, 제안이나 기획을 할 경우, 약속이나 추천을 위한 경우 등 작성해야 하는 상황에 따라 내용이 결정되고, 내용에 따라 문서의 성격이 달라지며, 그에 따라 구성도 변하므로 목적에 맞는 적절한 문서를 작성해야 한다.

CHAPTER 05

올바른 글쓰기

올바른 글쓰기 능력은 중요한 의사소통 수단이자 평가수단이다. 글쓰기의 순서는 계획하기 → 작성하기 → 수정하기의 과정을 거친다. 글쓰기의 구성은 서론, 본론, 결론으로 구성된다. 좋은 서론은 독자들의 관심을 끌고 본론의 내용을 예상할 수 있게 해야 한다. 본론은 말 그대로 몸통이다. 결론은 본문의 핵심 내용을 정리하고 기대되는 결과를 예상하거나 새로운 문제를 제기하는 역할을 한다.

CHAPTER 05

올바른 글쓰기

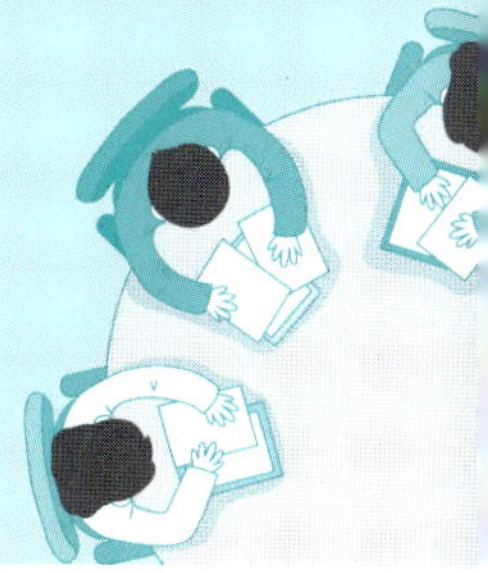

학습내용

제1절 글쓰기의 중요성

제2절 좋은 글이란 무엇인가?

제3절 글쓰기의 구성

제4절 저작권 바로 알기

학습목표

1. 글쓰기의 중요성을 설명할 수 있다.
2. 좋은 글쓰기의 방법을 설명할 수 있다.
3. 글쓰기의 구성을 설명할 수 있다.
4. 저작권에 대해 설명할 수 있다.

주요 용어

글쓰기, 글쓰기의 구성, 저작권

1. 글쓰기의 중요성

글은 우리 삶의 기본적인 의사소통 도구이다. 직장생활에서 문서를 이해하고 작성하는 능력이 중요해졌지만, 이미 글쓰기는 일상생활에서 여러 부분에서 그 필요성이 더 커졌다. 개인 간의 편지뿐만 아니라 이메일, 트위터, 블로그, 개인홈페이지 등 인터넷을 통한 의사소통을 통해서도 글쓰기의 필요성은 점점 더 확대되고 있다.

우리는 글쓰기를 통해 자신의 생각을 보다 구체적이고 논리적으로 정리하여 표현할 수 있다. 글을 쓰면 머릿속에서만 맴돌던 생각을 정교하고 치밀하게 만들 수 있다. 그래서 글을 잘 쓴다는 것은 의사소통 역량뿐만 아니라 창의적 사고에 뛰어나고 문제 해결에 뛰어나다는 증거이다.

OECD는 대학에서 기본적으로 배워야 할 핵심 능력으로 비판적 사고력, 분석적 추론력, 문제해결능력 그리고 글쓰기를 통한 의사소통능력을 지정했다. 글을 쓰려면 생각을 많이 해야 한다. 글을 쓰다 보면 자기 생각을 어떻게 전달하면 효과적일지 생각하고, 읽는 상대방까지 고려해서 글을 쓰게 된다. 쓰기와 생각은 밀접한 관련이 있기 때문에 글을 쓰는 것은 의사소통능력의 개발과 대인관계까지 좋아지게 되는 결과를 만들 수 있다.

직장인에게 글을 쓰는 행위는 의사소통의 또 다른 방법이다. 어느 조직이나 글쓰기는 일하기와 연결된다. 직업에 따라 차이가 있겠지만 대부분의 직장인은 아침에 출근해서 출장을 신청하는 것부터 이메일 작성, 업무용 메신저 대화, 업무일지 작성, 사례관리, 보고서 및 기안문 작성, 제안서 작성, 행사 시나리오 작성, 보도자료 송부 등 업무의 대부분이 글로써 이루어진다.

밤을 새워 준비해 간 자료를 본 상사는 “이 많은 것을 다 읽으라고? 좀 줄여서 가지고 올 수 없어?”, “요즈음 대학에서는 글쓰기를 안 가르치나 보네”라는 말로 결재는커녕 부하직원의 자존심부터 꺾는다. 직장에 들어가서 업무보고를 위한 보고서뿐만 아니라 기획서, 제안서 등의 문서를 생산하고 다른 사람이 작성한 것을 보기도 한다. 이때 쓰여진 내용과는 상관없이 사소한 오탈자 때문에 상사로부터 지적을 당하는 경험을 하는 직장인이 많다. 글을 잘 쓰는 직장 동료들을 보면 일처리도 빠르고 일도 잘한다. 글쓰기 능력은 이제 직장에서 중요한 의사소통 수단이자 업무효율성을 평가하는 수단이 되었다.

2. 좋은 글이란 무엇인가?

좋은 글이란 내가 말하고자 하는 바를 독자가 쉽게 이해할 수 있는 글이다. 이를 위해 내 생각에 대한 명확한 표현, 논리적 구성에 대한 고민이 필요하다. 또한 읽는 사람이 지루하지 않도록 참신한 소재와 내용을 구성하는 것도 역시 중요하다. 글쓰기의 순서는 계획하기 → 작성하기 → 수정하기의 과정을 거친다. 계획하기에서는 글 전체에 대한 구상 및 주제 설정, 목차를 통한 세부내용에 대해 생각해 본다. 작성하기는 계획한 내용을 바탕으로 글쓰기를 하는 과정이다. 마지막으로 수정하기는 완성된 글에 대한 점검과 수정을 하는 과정이다. 이를 위해 다음과 같은 사항에 유념하면서 좋은 글을 써보자.

1) 왜 글을 쓰는지 목적과 대상을 분명히 한다

누구를 위해 왜 쓰는지에 따라 그에 맞는 글쓰기 방식이 결정될 수 있다. 대상에 따라 무엇을 말하는지, 전달하고 싶은 내용을 독자가 빨리 이해하게 만드는 것이 중요하다.

2) 책이나 글을 많이 읽는다

좋은 글을 쓰기 위해서는 적절한 어휘를 선택하고 써야 하는데, 어휘력을 늘리려면 독서를 많이 하고 좋은 글을 많이 읽어야 한다. 다양한 읽기는 쓸거리뿐만 아니라 글의 논리적 구성에도 도움을 준다.

3) 자료 조사를 충분히 한다

새로운 아이디어는 기존 자료에 대한 분석과 효과적인 배치에서 나온다. 따라서 충실한 자료 조사는 글의 내용을 풍성하게 해줄 뿐만 아니라, 참신한 아이디어 발상에 도움을 준다.

4) 제목을 붙인다

제목은 글 전체의 내용이 담긴 핵심이다. 제목 붙이기도 글을 쓰는 하나의 과정이다. 처음부터 제목을 적으면 생각이 한정되기 마련이다. 읽는 사람은 제목을 통해 글의 전반적인 내용을 기대하게 된다. 다 쓰고 꼼꼼히 읽다가 본문의 좋은 내용 중에서 제목을 뽑아 써도 된다. 아니면 호기심을 자극하는 제목을 활용해도 좋다. 읽는 사람의 흥미를 끌어내고 자신의 주장을 명확하게 표현하는 구체적인 제목을 붙이는 것이 좋다.

5) 목차를 최대한 구체적으로 작성한다

개요 또는 목차는 글의 전체적인 설계도이다. 목차를 작성하고 글을 쓰기 시작하면 자신의 생각이 논리적으로 구성되었는지 평가할 수 있고, 글을 쉽게 쓸 수 있다.

6) 구성에 신경을 쓰자

기승전결, 발단-전개-위기-절정-결말의 순서대로 꼭 맞추어 쓸 필요는 없다. 글이 짧은 글이라면 두괄식도 좋고, 글이 길다면 마지막에 핵심사항을 배치하는 것도 좋다.

7) 맞춤법, 띄어쓰기를 지켜라

오자나 탈자를 가볍게 생각해서는 안 된다. 내용이 아무리 훌륭해도 맞춤법과 띄어쓰기가 잘못되면 글에 대한 신뢰도가 떨어진다. 워드 프로그램에서 작성을 마친 후 화면 교정을 통해 오타를 찾아내고 문맥을 수정하는 것도 한 방법이다. 프린트를 해서 검토하면 실수를 더 줄일 수 있다. 확인하고 또 확인하자.

Plus Point 알쏭달쏭 맞춤법

1. 장이 / 쟁이
   - 장이 : 전문적인 기술을 가진 사람
     예 양복장이, 대장장이, 옹기장이
   - 쟁이 : 성질, 습관, 행동을 나타내는 단어에 붙임
     예 개구쟁이, 거짓말쟁이, 겁쟁이 등

2. 로서 / 로써
   - 로서 / 으로서 : 지위, 신분, 자격
     예 남편감으로서 흠잡을 데가 없다
   - 로써 / 으로써 : 재료, 수단, 도구
     예 화부터 내지 말고 대화로써 풀자

3. **든지 / 던지**

- 든 / 든지 / 든가 : 선택의 의미

  예 치킨이든 골뱅이든, 삼키든지 뱉든지

- 던 / 던지 / 던가 : 의문이나 과거의 회상

  예 어젯밤에 얼마나 많이 술을 많이 먹었던지 기억이 하나도 안 난다.
  내가 널 그렇게 가르치던, 얼마나 가슴이 아팠던지

8) 반드시 고쳐 쓴다

글은 한 번에 쓸 수 없다. 글쓰기가 쉬운 일도 아니다. 더구나 좋은 글은 절대 한 번에 완성할 수 없다. 힘들여 써서 아깝기도 하지만 내용의 흐름에 방해가 된다면 불필요한 문장은 삭제하거나 가지치기를 해야 한다. 전체를 여러 번 읽어보면서 수정하고 압축해야 한다. 자연스럽게 글의 구성이나 문장이 매끄럽게 된 것을 발견할 것이다. 불필요한 부분과 표현은 과감하게 버릴 줄도 알아야 한다.

Plus Point **고쳐쓰기 과정에서 확인할 것!**

- 주제문과 관련 없는 내용이나 설명이 있는가?
- 주제문의 내용 중 빠진 것은 없는가?
- 단락과 단락이 자연스럽게 연결되어 있는가?
- 지나치게 길고 복잡한 문장은 없는가?
- 맞춤법, 띄어쓰기의 오류는 없는가?

9) 주어와 술어를 일치시킨다

주어와 서술어를 가까이 두고 일치시키는 것이 의미가 쉽게 전달된다. 문장의 길이에 신경을 써서 지나치게 길어지지 않게 한다. 이때 주어와 술어의 관계를 분명히 해야 한다. 명료하게 표현된 문장은 독자에게 빠르게 전달된다.

10) 가급적이면 3인칭 관찰자 시점으로 쓰자

자신의 주장을 강하게 드러내는 것이 아니라면, 가급적 어느 한쪽에 치우친 글이 아니라 객관적으로 기술하는 것이 좋다.

11) 쉽게 쓰자

가능한 한 평범하고 쉬운 말을 선택하여 사용하도록 한다. 이해하기 쉽게 써야 좋은 글이다. 복잡한 표현기법이나 비유를 사용하기보다는 쉽게 이해할 수 있어야 한다.

Plus Point 교정부호의 종류

교정부호	기 능	교정부호	기 능
	줄 간격 띄우기		들여쓰기
	사이 띄우기		내어쓰기
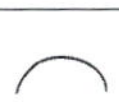	사이 붙이기	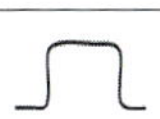	끌어내리기
	끼워 넣기(삽입)	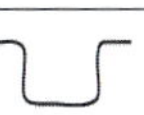	끌어올리기
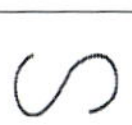	자리 바꾸기	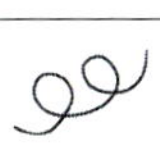	지우기(삭제)
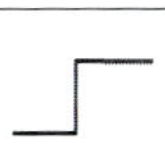	문단 나누기	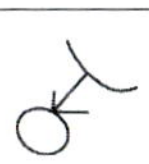	내용 바꾸기(수정)
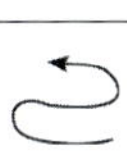	줄 잇기	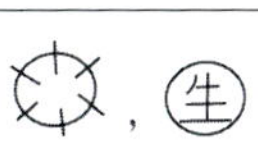	되살리기

3. 글쓰기의 구성

1) 서론

무엇이든지 간에 시작이 중요하다. 서론은 글의 첫인상이다. 특히 첫 문장의 역할은 상당히 중요하다. 좋은 서론은 독자들의 관심을 끌고 본론의 내용을 예상할 수 있게 해야 한다. 따라서 서론에는 주제와 관련해서 독자들의 관심을 끌 수 있는 부분과 내가 앞으로 이야기하고자 하는 바, 즉 논제가 드러나야 한다. 이를 위해 일반적으로 다음과 같은 방법을 사용한다.

- 글의 주제나 집필의도를 밝히면서 시작하기
- 사회 현안에 의문을 제시하며 시작하기
- 경험이나 일화를 소개하며 시작하기
- 개념 정의(재정의)로 시작하기
- 잘 알려진 문구, 속담, 고사성어, 역사적 사실, 통계 등을 인용하기

2) 본론

핵심은 본론이다. 본론은 말 그대로 글의 몸통이다. 의례적인 이야기는 최소한으로 줄이고 서론은 최대한 짧게 쓰는 것이 좋다. 글쓰기가 서툰 경우 주제문은 각 단락의 맨 앞에 쓰는 것이 효과적이다.

3) 결론

결론은 본문의 핵심 내용을 정리하고, 기대되는 결과를 예상하거나 새로운 문제를 제기하는 역할을 한다. 또한 결론의 내용은 서론의 문제제기에 답하는 것이어야 한다.

일반적으로 결론을 작성할 때는 다음의 사항을 고려한다.

- 본론의 전체 내용을 간단하게 요약하고 앞으로의 전망이나 남은 과제를 제시하며 끝맺는다.
- 요약할 때는 앞에서 썼던 말을 그대로 다시 쓰지 않는다.
- 자기주장이 지닌 사회적 의미나 전망, 대책이나 해결 방안을 제시한다. 이때 사회적, 법적, 제도적인 방안을 구체적으로 제시해야 설득력이 있다.
- 결론을 무성의하게 쓰거나 한 단락을 한 문장으로 급하게 마무리하는 것은 좋지 못하다.

Plus Point 글쓰기 좋은 질문들 : 당신 안에 숨어 있던 이야기, 창조성을 깨우는 질문

1. 당신이 마치 책 속의 인물인 것처럼 자신의 외모와 성격을 3인칭 시점으로 묘사하라.
2. 불행이라는 요리의 레시피를 써보라.
3. 요즘 사랑에 대해 어떻게 느끼는가?
4. 앞으로 살아갈 날이 일주일만 남았다면…
5. 당신이 악당으로 등장하는 짧은 이야기를 써보라.
6. 돈뭉치를 발견하다.
7. 지금 내가 있고 싶은 곳
8. 당신의 마음을 아프게 하는 것
9. "그때는 그게 별로 중요한 것 같지 않았다"로 이야기를 시작해 보라.
10. 사랑의 기술

출처 : 샌프란시스코 작가집단 GROTTO 집단(2013). 글쓰기 좋은 질문 642.

4. 저작권 바로 알기

1) 저작권의 개념

저작권이란 소설가가 소설을 쓰고, 작곡가가 음악을 만들어 내고, 게임 개발자가 게임 프로그램을 제작하는 것처럼 문학, 학술 또는 예술 전반의 범위에 있어 누군가의 '창작' 행위로 만들어진 결과물에 대하여 일정 기간 동안 창작물을 독점적으로 소유하도록 하는 권리를 말한다. 다른 사람이 무단으로 복제(복사), 공연, 방송, 전시, 배포 등의 행위를 하거나 그 창작물에 대한 창작자의 인격권을 침해하는 행위를 금지하는 권리를 말한다. 우리가 물건을 살 때에 물건 대금을 지급해야 하는 것처럼 영화를 보거나 음악을 들을 때에도 돈을 지불해야 한다. 이처럼 저작권이란 어떤 문화상품이든 그 문화상품을 만든 사람이 가지는 권리를 말한다. 대학교재를 무단으로 복사하여 사용하는 것도 저작권법에 위배되는 것이다.

2) 학생들이 저작권을 침해하는 대표적인 유형

저작권자의 허락 없이 다음의 행동을 했을 경우에는 저작권을 침해한 것이다.

- 음악 파일을 블로그의 배경 음악으로 이용하는 경우
- 동영상이나 이미지파일, 시, 사진 등을 무단으로 웹사이트, 카페, 블로그 등에 올리는 경우
- 웹사이트, 카페, 블로그 등에 공유를 목적으로 파일 등의 자료를 올리는 경우
- 여러 경로를 통하여 수집한 저작물을 다른 사람들과 공유할 목적으로 웹하드에 저장하는 경우

- 다른 사용자와 공유할 목적으로 P2P 프로그램을 통하여 저작물을 올리거나 내려받는 경우
- 음악CD 등을 복제하여 친구들에게 나누어 주는 행위
- 노래 가사, 스타 사진 등을 웹사이트에 올리는 행위

Plus Point 무료 이미지 사용

기업 블로그 및 SNS 서비스 등 회사에서 홍보 등을 위해 사용하는 모든 웹 페이지와 인쇄물에는 이미지를 구매하여 사용하거나, 저작권에 문제가 없는 이미지를 사용해야 한다. 이럴 때 무료 이미지 사이트인 픽사베이(Pixabay)가 유용하다. 픽사베이는 사진은 물론 포토샵으로 편집할 수 있는 벡터 이미지, 일러스트 등 총 3만 장이 넘는 자료가 있는 이미지 사이트(pixabay.com)이다. 영어와 한글 모두 검색할 수 있으며, 개인적인 용도로 자유롭게 사용할 수 있어 편리하다.

학습내용 요약

1. 글쓰기 능력은 중요한 의사소통 수단이자 평가수단이다.

2. 글쓰기의 순서는 계획하기 → 작성하기 → 수정하기의 과정을 거친다.

3. 글쓰기의 구성은 서론, 본론, 결론으로 구성된다. 좋은 서론은 독자들의 관심을 끌고 본론의 내용을 예상할 수 있게 해야 한다. 본론은 말 그대로 몸통이다. 결론은 본문의 핵심 내용을 정리하고 기대되는 결과를 예상하거나 새로운 문제를 제기하는 역할을 한다.

4. 저작권이란 문학, 학술 또는 예술 전반의 범위에 있어 누군가의 '창작' 행위로 만들어진 결과물에 대하여 일정 기간 동안 창작물을 독점적으로 소유하도록 하는 권리를 말한다.

경청능력

06
CHAPTER

경청능력은 다른 사람의 말을 주의 깊게 들으며, 공감하는 능력이다. 직장인들이 개인이나 조직 간에 원만하게 관계를 유지하고 업무 성과를 높이기 위해서는 적절하게 의사소통할 수 있는 능력이 필수적이다. 특히 의사소통을 하기 위해서는 다른 사람의 말을 주의 깊게 들으며, 공감할 수 있는 능력을 갖추어야 한다.

CHAPTER 06

경청능력

학습내용

제1절 경청의 개념

제2절 효과적인 경청

학습목표

1. 경청의 개념 및 중요성을 설명할 수 있다.
2. 올바른 경청을 방해하는 요인을 찾을 수 있다.
3. 경청의 바람직한 자세에 대해 설명할 수 있다.
4. 대상과 상황에 따른 경청방법을 파악하고, 훈련방법을 설명할 수 있다.

주요 용어

경청, 경청의 방해요인, 효과적인 경청방법

1. 경청의 개념

1) 경청의 개념

'Best speaker is a best listener'라는 말이 있다. 최고로 말을 잘하는 사람은 남의 말을 가장 잘 들어주는 사람이라는 뜻이다. 경청이란 다른 사람의 말을 주의 깊게 듣고 공감하는 능력이다. 이처럼 경청은 '귀를 기울이다'의 의미이다. 관심을 가지고 상대방의 말을 잘 듣는 것이고, 상대의 생각과 감정을 상대방의 입장에 서서 이해하는 것을 뜻한다.

경청의 한자를 풀어보면 경청의 의미가 더 명확해진다. 경청(傾聽)의 경은 기울일 경(傾)으로, 상대방의 말을 들을 때에 몸을 기울여 잘 들어야 한다는 의미이다. 청은 들을 청(聽)으로 耳, 王, 十, 目, 一, 心으로 이루어져 있다. 한자의 뜻을 풀이하면 왕처럼 귀를 열고, 열 개의 눈과 하나의 마음으로 상대방의 이야기를 들어주라는 의미이다. 이처럼 경청에는 상대방의 이야기를 들을 때 몸과 마음을 기울여 '귀'로 듣고, '눈'으로 보고, '마음'으로 공감하라는 의미가 숨어 있다.

내가 말을 많이 하는 것보다 남의 말을 많이 듣는 경청은 말실수를 줄일 수 있으며, 대화의 품격까지 높일 수 있다. 그러나 상대방이 하는 말에 관심도 없는데, 끈기 있게 들어주는 것은 참 힘든 일이다. 대화 도중에 끼어들고 싶고, 말하고 싶은 마음이 들 수 있다. 그러나 대개 말을 많이 할수록 손해를 보기 마련이다. 그래서 경청은 어렵다.

그렇다면 경청을 잘하는 비결은 무엇일까?

그 비결은 바로 YF & 6 : 4 원칙에 있다. YF는 YOU First를 의미하는 것으로, 상대에게 먼저 말할 기회를 충분히 주는 것이고, 6 : 4 원칙은 상대가 60% 또는 그 이상을 말하게 하고, 자신은 30~40%만 말하는 것이다(윌리엄 장, 2009). 삶의 지혜는 종종 듣는 데서 비롯되고 삶의 후회는 대개 말하는 데서 비롯된다는(이기주, 2017) 것을 늘 명심해야 할 것이다. 잘 말하기 위해서는 잘 들어야 한다. 이것이 바로 성공의 언어이다.

듣기에는 다음과 같은 5가지 유형이 있다. 자신이 어디에 해당하는지를 생각해 보고 경청의 중요성에 대해 생각해 보자.

Plus Point 듣기의 5유형

♠ 무시

친구 : 나 요즘 너무 힘들다. 며칠 전에 여자 친구와 헤어졌거든.

나 : ……

♠ 건성으로 들음

친구 : 나 요즘 너무 힘들다. 며칠 전에 여자 친구와 헤어졌거든.

나 : 사는 게 다 그렇지 뭐.

♠ 자신에게 유리한 것만 선택적으로 들음

친구 : 나 요즘 너무 힘들다. 며칠 전에 여자 친구와 헤어졌거든.

나 : (반색을 하며) 뭐? 그 여자 친구 내가 만나면 안 되겠니?

♠ 신중한 경청

친구 : 나 요즘 너무 힘들다. 며칠 전에 여자 친구와 헤어졌거든.

나 : 음, 다른 여자 친구 한 명 소개시켜 줄까? 세상의 반이 여자인데 뭐.

♠ 상대를 진정으로 이해하려는 공감적 경청

친구 : 나 요즘 너무 힘들다. 며칠 전에 여자 친구와 헤어졌거든.

나 : 아, 그렇구나. 그래서 그렇게 아파보였구나.

출처 : 이해선 · 김은미(2014). 인성과 자기계발, p. 65.

다른 사람의 입장을 고려하지 않는 자기중심적 경청이 아니라 상대방의 입장에서 그런 이야기를 왜 하는지 이해하려는 공감적 경청의 입장에서 대화를 하려고 노력해야 한다.

Plus Point **있는 그대로 듣기 :** 어떤 친구가 다음처럼 말한다. 무슨 말을 해주면 좋을까?

좋아하는 사람의 말은 거칠어도 부드럽게 들리고

미워하는 사람의 말은 부드러워도 거칠게 들린다.

나무람은 작게 말해도 크게 들리고

칭찬은 크게 말해도 작게 들린다.

2) 경청의 중요성

성공한 많은 사람들이 경청의 중요성에 대하여 강조하고 있다. 왜냐하면 성공적인 의사소통을 위해서는 전달하고자 하는 메시지와 내용을 상대방이 이해하기 쉽게 표현하는 것도 중요하지만, 상대방이 어떻게 받아들일지에 대한 고민이 전제되어야 한다. 이런 측면에서 볼 때, 의사소통을 잘하기 위한 기본적인 자세는 경청이다. 경청하는 자세는 상대방에게 존중하고 있다는 태도를 보여주는 것이다. 상대방을 인간적으로 존중하면서 동시에 상대의 생각을 평가하지 않고, 있는 그대로 받아들이는 태도이다.

우리는 경청을 함으로써 상대방을 성실한 마음으로 대하게 된다. 이는 상대방과의 관계에서 느낀 감정과 생각 등을 긍정적이든 부정적이든 솔직하고 성실하게 표현하는 태도를 말한다. 이러한 감정의 표현은 상대방과의 솔직한 의사 및 감정의 교류를 가능하게 돕는다. 또한 경청을 함으로써, 상대방의 입장에 공감하며 이해하게 된다. 이는 자신의 생각이나 느낌, 가치, 도덕관 등의 선입견이나 편견을 가지고 상대방을 이해하려 하지 않고, 상대방으로 하여금 자신이 이해받고 있다는 느낌을 느끼게 하는 것이다.

Plus Point 경청의 비밀

역지사지	상대방의 입장에서 생각하라.
상대방의 요구 이해	상대방이 무엇을 원하는지 간파하라.
공감하기	아군이라는 인식을 심어주어라.
눈 맞추기	눈은 마음의 창이다.
고개 끄덕이기	수긍은 공감이다.
관심과 흥미 보이기	사람은 관심을 보이는 사람에게 관심을 가진다.
공감하는 언어 표현하기	"네", "그렇지요", "당연하지요."
상대방의 말을 재진술하기	앵무새가 되어라.

출처 : 김종명 · EBS제작팀(2009). EBS 나큐프라임 설득의 비밀, p. 145.

생산적인 대화를 하려면 상대의 말을 잘 경청하고 적절하게 반응해야 한다. 남의 이야기를 잘 듣다 보면 얻는 것이 반드시 있다. 다음 ❙그림 6-1❙은 대화 사이클에 따른 위험도를 보여주고 있다(로버트 제누아, 2014).

오른쪽 위 가장 큰 책임이 따르는 영역부터 시작해서 시계방향으로 보면, 즉 대화의 참여도가 높을수록 높은 위험이 따른다. 말의 양이 직접적인 영향을 미치는 것을 알 수 있다. 위험을 최소화하면서 말을 통제할 때 얻는 이득이 많고 대화에 참여하는 상대의 위험도는 높아지는 것을 알 수 있다.

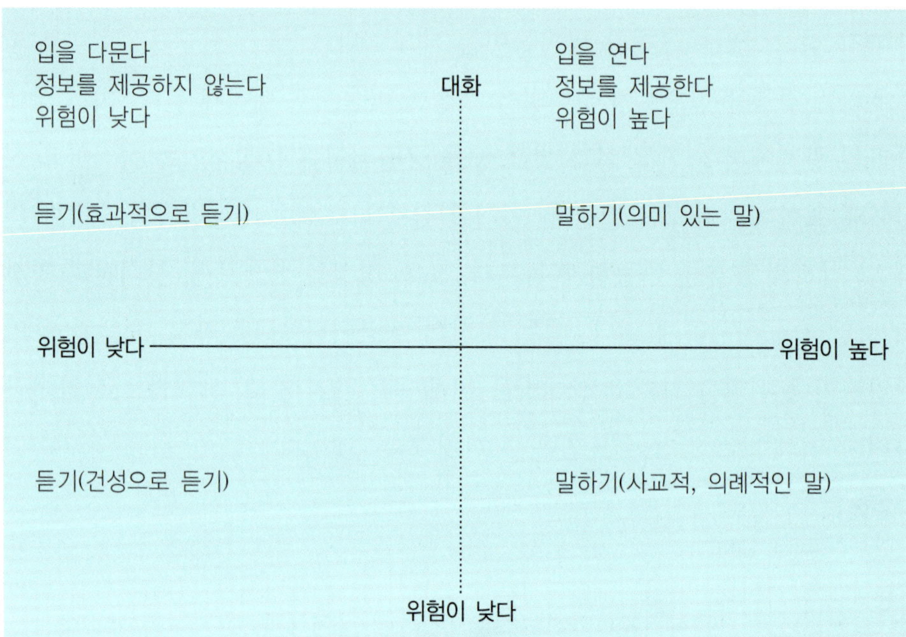

❙그림 6-1❙ 대화 사이클에 따른 위험도

Plus Point 듣기 자가 검진

1. 나는 회의나 모임에서 이야기를 주도적으로 하는 편이서, 남의 이야기를 들을 기회가 없다.
   ① 늘 그렇다.
   ② 그럴 때도 있고 반대일 때도 있다.
   ③ 전혀 그렇지 않다.

2. 상대방이 내게 별로 흥미 없는 이야기를 하면 나는 다른 데로 주의를 돌림으로써 그 이야기를 가능한 한 빨리 끝내도록 한다.
   ① 늘 그렇다.
   ② 보통 그런 편이다.
   ③ 전혀 그렇게 못한다.

3. 나는 남의 이야기를 들을 때 조용히 듣는 편이다. 특별한 질문이나 몸짓, 소리를 내며 상대의 이야기에 반응하는 일은 거의 하지 않는다.
   ① 늘 그렇다.
   ② 그저 그렇다.
   ③ 전혀 아니다.

4. 나는 상대방의 이야기가 끝나자마자 내 생각을 바로 이야기하는 편이다.
   ① 늘 그렇다.
   ② 잠시 쉬었다가 이야기하는 편이다.
   ③ 전혀 그렇지 않다.

5. 나는 상대방 이야기를 가끔 열심히 듣는 척한다. 하지만 속으로는 대개 딴 생각을 하는 편이다.
   ① 대부분 그렇다.
   ② 때때로 다른 편이다.
   ③ 전혀 그렇지 않다.

6. 나는 상대방이 아직 이야기하고 있는 동안에 주로 내가 응답할 내용을 준비한다.
   ① 대부분 그렇다.
   ② 때때로 다른 편이다.
   ③ 그런 적이 없다.

7. 나는 상대방의 이야기 스타일에 신경을 쓰다가 종종 내용을 놓치곤 한다.
   ① 늘 그렇다.
   ② 보통 그런 편이다.
   ③ 전혀 그렇지 않다.

8. 나는 상대의 이야기가 길어지면, 어떻게 끊어야 할지 몰라 몹시 곤혹스러울 때가 자주 있다.
   ① 늘 그렇다.
   ② 가끔 그럴 때도 있다.
   ③ 그런 적이 없다.

9. 나는 상대방의 이야기 내용이 잘 이해되지 않아도 다시 말해달라고 요구하기 뭐해서 그냥 추측하고 넘어가는 편이다.
   ① 늘 그런 편이다.
   ② 보통 그런 편이다.
   ③ 전혀 그렇지 않다.

10. 내 속의 울화가 많아서 남의 불평이나 이야기를 들어줄 여유가 없다.
   ① 늘 그렇다.
   ② 기분에 따라 다르다.
   ③ 항상 들어준다.

▸ 경청능력 점수산정 및 결과

각 문항에서 ①은 5점, ②는 7점, ③은 10점으로 평가하여 10문항에 대한 점수를 합산한다.

- 81~100점 : 듣기의 달인이 될 수 있는 잠재력이 아주 높거나 이미 듣기의 달인이다.
- 61~80점 : 듣기에 있어서 약간의 문제점이 있으나, 듣기 기술을 집중연마하면 머지않아 듣기의 달인이 될 수 있다.
- 60점 이하 : 당신의 동료나 주위 사람들은 당신의 듣기 능력에 대하여 부정적 느낌을 가지고 있을 소지가 있다. 대등한 의미, 진정한 의미의 커뮤니케이션이 이루어질 수 있도록 부지런히 연습하는 노력이 필요하다.

출처 : 히가시야마 히로히사 저, 이규조 역(2008). 듣기의 힘.

2. 효과적인 경청

1) 경청의 방해요인

(1) 대답할 말 준비하기

경청이 어려운 이유는 말하고 싶은 욕구 때문이다. 상대방이 말을 하고 있는 도중이라도 마음속으로는 자신이 할 말을 계속해서 생각하면서 다음 말을 준비하는 경우가 많다. 말하는 상대방은 꼭 대답을 구하거나 의견을 들으려고 말을 하는 것이 아니다. 단순히 쌓인 감정을 토로하거나 자신의 이야기를 온전히 들어줄 사람이 필요할 뿐일 수도 있다. 그럼에도 우리는 이해와 위로는커녕 상대방의 말을 건성으로 흘려 듣는 경우가 많다.

(2) 짐작하기

상대방의 말을 듣고 받아들이기보다 자신의 생각에 들어맞는 단서들을 찾아 자신의 생각을 확인하는 것을 말한다. 짐작하고 넘겨짚는 사람들은 상대방의 목소리 톤이나 얼굴 표정, 자세 등을 지나치게 중요하게 생각한다. 이들은 상대방이 하는 말의 내용은 무시하고 자신의 생각이 옳다는 것만 확인하려 한다. 남편이 "당신은 다른 사람보다 젊어 보여요"라고 말하면, 아내는 남편의 표정이나 말투 등을 자세히 살펴보면서 '남편은 속으로는 내가 너무 늙어 보여서 매력이 없다고 생각하겠지'라고 생각하거나 심한 경우에는 '남편이 다른 여자와 사귀는 것은 아닌가?'라고까지 지레짐작한다.

또 다른 예로 남편이 생일을 기억해 주지 않았기 때문에 말을 걸어도 표정이 안 좋고 시큰둥하게 대답한 것인데, 그걸 보고 남편은 부인이 시집 문제로 화가 난 것이라 지레짐작한다면 대화는 처음부터 어려워질 것이다.

(3) 걸러내기

상대의 말을 듣기는 하지만 상대방의 메시지를 온전하게 듣는 것이 아닌 경우이다. 상대방이 분노나 슬픔, 불안에 대해 말하는 것을 들어도 그러한 감정을 인정하고 싶지 않다거나 회피하고 싶다거나 무시하고 싶을 때 자기도 모르는 사이에 상대방이 아무 문제도 없다고 생각해 버린다. 걸러내기는 듣고 싶지 않은 것들을 막아버리는 것을 말한다.

(4) 판단하기

상대방에 대한 부정적인 판단 때문에, 또는 상대방을 비판하기 위해 상대방의 말을 듣지 않는 것을 말한다. 당신이 상대방을 어리석다거나 고집이 세다거나 이기적이라고 생각한다면, 당신은 경청하기를 그만두거나 듣는다고 해도 상대방이 이렇다는 증거를 찾기 위해서만 귀를 기울일 것이다.

(5) 다른 생각하기

상대방에게 관심을 기울이는 것이 점차 더 힘들어지고 상대방이 말을 할 때 자꾸 다른 생각을 하게 된다면, 이는 이러한 상황을 회피하고 있다는 위험한 신호이다.

예를 들어, 남편은 최근 아내가 수강하는 취미클럽 활동에 대해 말할 때마다 다른 생각을 하였다. 사실 그는 아내가 취미 활동을 하는 것에 대해 못마땅하게 생각하고 있었기 때문에 부인이 신나서 이야기할 때마다 다른 생각을 하면서 자신의 감정을 드러내지 않았던 것이다. 그러나 이렇게 표현하지 못하는 부정적인 감정이 밑바닥에 깔려 있어 시도 때도 없이 고개를 내밀기 때문에 상대방은 오해받고 공격받는다는 느낌을 갖게 된다.

(6) 조언하기

어떤 사람들은 지나치게 다른 사람의 문제를 본인이 해결해 주고자 한다. 당신이 말끝마다 조언하려고 끼어들면 상대방은 제대로 말을 끝맺을 수 없다. 올바른 해결책을 찾고 모든 것을 제대로 고치려는 당신의 욕구 때문에 마음을 털어놓고 이야기하고 싶은 상대방의 소박한 바람이 좌절되고 만다. 이야기를 들어주기만 해도 상대방은 스스로 자기의 생각을 명료화하고 그 사이에 해결책이 저절로 떠오르게 된다.

남편이 아내에게 직장에 대한 좌절과 낙담을 털어놓자 "당신은 윗사람 다루는 기술이 필요해요. 당신 성격에도 문제가 있어요. 당신 자신을 개조하기 위해 성격 개선 프로그램을 신청해서 참여해 봐요"라고 지체 없이 퍼붓게 되면 남편이 진실로 원했던 것, 즉 서로 공감하고 잠시 위로받고 싶었던 욕구가 좌절된다. 이러한 대화가 매번 반복된다면 상대방은 무시당하고 이해받지 못한다고 느끼게 되어 다른 사람에게 마음의 문을 닫아버리게 된다.

(7) 언쟁하기

언쟁은 단지 논쟁하기 위해서만 상대방의 말에 귀를 기울이는 것이다. 상대방이 무슨 말을 하든 자신의 입장을 확고히 한 채 방어한다. 언쟁은 상호 문제가 있는 관계에서 드러나는 전형적인 의사소통 패턴이다. 이런 관계에서는 상대방의 생각을 전혀 들을 생각이 없기 때문에 어떤 이야기를 해도 듣지 않게 된다. 상대방이 무슨 주제를 꺼내든지 설명하는 것을 무시하고 상대방의 생각과는 다른 자신의 생각을 장황하게 자기 논리대로 늘어놓는다. 지나치게 논쟁적인 사람은 상대방의 말을 경청할 수 없다.

(8) 자존심 세우기

자존심이 강한 사람은 자존심에 관한 것을 전부 막아버리려 하기 때문에 자신의 부족한 점에 대한 상대방의 말을 들을 수 없게 된다. 이런 사람은 자신이 잘못했다는 말을 받아들이지 않기 위해 거짓말을 하고, 고함을 지르고, 주제를 바꾸고, 변명을 하게 된다.

(9) 슬쩍 넘어가기

대화가 너무 사적이거나 위협적이면 주제를 바꾸거나 농담으로 넘기려 한다. 문제를 회피하려 하거나 상대방의 부정적 감정을 회피하기 위해서 유머를 사용하거나 초점을 잘못 맞추게 되면 상대방의 진정한 고민을 놓치게 된다.

(10) 비위 맞추기

상대방을 위로하기 위해서 혹은 비위를 맞추기 위해서 너무 빨리 동의하는 것을 말한다. 그 의도는 좋지만 상대방이 걱정이나 불안을 말하자마자 "그래요, 당신 말이 맞아요", "미안해, 앞으로는 안 할 거야"라고 말하면 지지하고 동의하는 데 너무 치중함으로써 상대방에게 자신의 생각이나 감정을 충분히 표현할 시간을 주지 못하게 된다.

Plus Point 내가 들은 말 중에서

☞ 세상에는 듣기 좋은 소리, 듣기 싫은 소리, 참을 수 있는 소리, 참기 어려운 소리, 나와 상관 있는 소리, 상관이 별로 없는 소리 등 여러 가지 소리가 있다. 다음 질문에 답해보자.

1. 요즘 들은 말 중에서 가장 기분이 좋았던 말은 무엇인가?

2. 그 말을 들었을 때의 느낌을 구체적으로 써보자.

3. 당신이 가장 듣기 싫어하는 말은 무엇인가?

4. 듣기 싫은 말을 들었을 때 '나'는 어떤 태도를 보이는가?
   1) 자주 듣는 소리라서 별 느낌이 없다.
   2) 그 사람이 왜 내게 그런 말을 했는가, 한 번 더 묻고 나서 내게 해당하는 말인지 확인한 후 다시 생각해 본다.
   3) 나는 오해받고 있다고 생각한다.
   4) 기분은 나쁘지만 '몸에 좋은 약은 입에 쓰다'는 말이 있으니 나 자신을 위해 받아들인다.
   5) 신경 쓰지 않고 잊는다.
   6) 맞는 말이지만 말하는 사람 태도가 마음에 안 들어서 받아들이고 싶지 않다.
   7) 그 밖에…

5. 위의 4번 대답에 대한 내 생각은 어떤가? 자신의 '듣는 태도'에 대해 객관적인 평가를 해보자.

6. 듣기 싫은 소리를 극복하는 가장 좋은 방법을 알고 있다면 다른 사람들에게 이야기해 보자.

출처 : 마인드비전연구회(2003). 함께 나누는 마인드 비전, pp. 27-29.

2) 효과적인 경청방법

상대방과 의사소통을 하거나 많은 사람 앞에서 프레젠테이션을 할 때 많은 내용을 듣고 이해하는 것은 중요하다. 다음에 소개하는 기법은 적극적인 경청자가 되기 위해서 필요한 전략이다.

(1) 준비한다

수업시간이나 강연에 참가하면 수업계획서나 강의계획서를 나누어 준다. 이 때 올바른 경청을 하려면 강의의 주제나 강의에 등장하는 용어에 친숙해질 수 있게 미리 읽어두어야 한다.

(2) 주의집중한다

말하는 사람의 모든 것에 집중해서 적극적으로 들어야 한다. 상대방의 어조, 억양, 소리의 크기까지도 귀를 기울여야 한다.

(3) 예측한다

대화를 하는 동안 시간 간격이 있으면, 다음에 무엇을 말할 것인가를 추측하려고 노력한다. 이러한 추측은 주의를 집중하여 듣는 데 도움이 된다.

(4) 나와 관련짓는다

상대방이 전달하려는 메시지가 무엇인가를 생각해 보고 자신의 삶, 목적, 경험과 관련시켜 본다. 자신의 관심이라는 측면에서 메시지를 이해하면 주의를 집중하는 데 도움이 될 것이다.

(5) 질문한다

질문에 대한 답이 즉각적으로 이루어지지 않더라도, 질문은 대화를 이끄는 좋은 도구가 될 수 있다. 상대방이 주도권을 가질 수 있도록 질문을 던지면 신이 나서 이야기를 하고, 그것을 잘 들어주면 대화는 즐겁게 풀어갈 수 있다.

(6) 요약한다

대화 도중에 주기적으로 대화의 내용을 요약하면 상대방이 전달하려는 메시지를 이해하고, 정보를 예측하는 데 도움이 된다.

(7) 반응한다

피드백은 상대방이 말한 것에 대해 당신이 이야기하고, 질문을 던져 이해를 명료화하고 난 다음에 하는 것이다. 피드백은 상대방의 메시지에 대한 당신의 해석이 맞았는지를 확인할 기회이다. 당신이 하는 피드백은 상대방에게 자신이 정확하게 의사소통을 하였는가에 대한 정보를 제공하고 상대방이 당신의 관점을 받아들이게 한다.

Plus Point **경청기술**

- 혼자서 대화를 독점하지 않는다.
- 상대방의 말을 가로채지 않는다.
- 이야기를 가로막지 않는다.
- 의견이 다르더라도 일단 수용한다.
- 말하는 순서를 지킨다.
- 논쟁에서는 먼저 상대방의 주장을 들어준다.
- 시선(eye-contact)을 맞춘다.
- 귀로만 듣지 말고 오감을 동원해 적극적으로 경청한다.

출처 : 한국산업인력공단(2016b). 의사소통능력 학습자용 워크북, p. 87.

학습내용 요약

1. 경청이란 다른 사람의 말을 주의 깊게 들으며, 공감하는 능력이다. 경청은 대화의 과정에서 당신에 대한 신뢰를 쌓을 수 있는 최고의 방법이다. 우리가 경청하면 상대는 본능적으로 안도감을 느끼고, 경청하는 우리에게 무의식적인 믿음을 갖게 된다.

2. 올바른 경청을 방해하는 10가지 요인들은 다음과 같다.
   ① 대답할 말 준비하기 : 처음에는 상대방의 말을 듣고 곧 자신이 다음에 할 말을 생각하기에 바빠서 상대방이 말하는 것을 잘 듣지 않는 것을 말한다.
   ② 짐작하기 : 상대방의 말을 믿고 받아들이기보다 자신의 생각에 들어맞는 단서들을 찾아 자신의 생각을 확인하는 것을 말한다.
   ③ 걸러내기 : 상대의 말을 듣기는 하지만 상대방의 메시지를 온전하게 듣는 것이 아닌 경우이다.
   ④ 판단하기 : 상대방에 대한 부정적인 판단 때문에, 또는 상대방을 비판하기 위해 상대방의 말을 듣지 않는 것을 말한다.
   ⑤ 다른 생각하기 : 상대방에게 관심을 기울이는 것이 점차 더 힘들어지고 상대방이 말을 할 때 자꾸 다른 생각을 하게 된다면, 이는 현실이 불만족스럽지만 이러한 상황을 회피하고 있다는 위험한 신호이다.
   ⑥ 조언하기 : 어떤 사람들은 지나치게 다른 사람의 문제를 본인이 해결해 주고자 한다.
   ⑦ 언쟁하기 : 단지 반대하고 논쟁하기 위해서만 상대방의 말에 귀를 기울이는 것이다.
   ⑧ 자존심 세우기 : 자존심이 강한 사람은 자존심에 관한 것을 전부 막아버리려 하기 때문에 자신의 부족한 점에 대한 상대방의 말을 들을 수 없게 된다.
   ⑨ 슬쩍 넘어가기 : 대화가 너무 사적이거나 위협적이면 주제를 바꾸거나 농담으로 넘기려 한다.
   ⑩ 비위 맞추기 : 상대방을 위로하기 위해서 혹은 비위를 맞추기 위해서 너무 빨리 동의하는 것을 말한다.

3. 효과적인 경청방법
   ① 준비한다.
   ② 주의집중한다.
   ③ 예측한다.
   ④ 나와 관련짓는다.
   ⑤ 질문한다.
   ⑥ 요약한다.
   ⑦ 반응한다.

CHAPTER 07

의사표현능력

의사표현능력이란 말하는 사람이 자신의 생각과 감정을 듣는 사람에게 음성언어나 신체언어로 표현하는 능력이다. 의사표현능력은 의사소통의 중요한 수단으로 직장인들이 개인이나 조직 간에 원만하게 관계를 유지하고 업무 성과를 높이기 위해서는 필수적인 능력이다. 자신의 능력을 제대로 표현하기 위해서 효과적인 의사표현능력을 갖추어야 한다.

CHAPTER 07

의사표현능력

학습내용

제1절 의사표현의 이해

제2절 효과적인 의사표현 기술

제3절 상황과 대상에 적합한 의사표현 방법

학습목표

1. 의사표현능력의 개념을 설명할 수 있다.
2. 의사표현 기술을 설명할 수 있다.
3. 상황과 대상에 맞는 의사표현 방법을 설명할 수 있다.

주요 용어

의사표현, 의사표현 기술, 상황과 장소에 맞는 의사표현 방법

1. 의사표현의 이해

의사표현이란 한마디로 말하기이다. 즉, 말하는 이가 자신의 생각과 감정을 듣는 이에게 음성언어나 신체언어로 표현하는 행위이다. 의사표현에는 '입말'로 표현하는 구어인 음성언어와 표정, 손짓, 발짓, 몸짓 따위로 표현하는 '몸말'을 의미하는 신체언어가 있다. 이런 측면에서 볼 때, 말하기는 자신을 드러내고 표현해 주는 수단이다.

의사표현은 의사소통의 중요한 수단으로, 특히 말하는 이가 의도나 목적을 가지고 그 목적을 달성하는 데 효과가 있다고 생각하는 말하기를 의미한다. 그래서 우리는 늘 "어떻게 하면 말을 잘 할 수 있을까?"라는 질문을 늘 마음속에 품고 산다.

말하기는 말하는 사람의 이미지를 결정한다. 자신이 자주 하는 말로 인해 자신의 이미지가 결정될 수 있기 때문에, 말을 입 밖으로 내뱉을 때에는 항상 신중해야 한다. 이미지를 향상시키는 방법을 알아보고 자신의 의사표현도 업그레이드시켜 보자.

Plus Point **자신의 이미지를 향상시키는 7가지 방법**

1. 칭찬을 받아들여라.
지나친 겸손은 다른 사람을 불쾌하게 할 수도 있다. 성공하는 사람들은 다른 사람들의 칭찬을 우아하게 받아들인다.
2. 언제 어디서든 자신을 좋게 말하라.
자신을 좋게 말할 것이 없으면 차라리 입을 다물어라.
3. 자기 자신과 자신의 행동을 분리하라.
사람의 행동이 그 사람의 가치와 행동으로 곧바로 연결되는 것은 아니다. 어쩌다 다른 사람의 차를 들이받았다고 해도 그것 때문에 나쁜 사람이 되는 것은 아니다. 그저 실수했을 뿐이다. 인격과 행동을 분리하라. 실수가 당신의 인격은 아니다. 지나간 과거의 좋지 않은 생각은 빨리 잊어라.
4. 몸을 잘 돌보고 조심해서 다루어라.
사람의 몸은 여분이 없다. 오직 하나뿐이다. 우리가 하는 일은 무엇이든 다른 것에 영향을 주게 되어있다. 평소 부지런히 운동하고 잘 먹어야 한다.
5. 어떤 대접을 받고 싶은지 사람들에게 알려라.
남들이 자신을 귀하게 여기고 어려워하도록 해야 한다. 때로는 적극적으로 상대방의 기선을 제압할 필요가 있다. Yes Man보다 이유 있는 No가 당당하다.
6. 긍정적으로 말하라. 그리고 긍정적으로 실행하라.
매사 부정적인 사람들은 자기 주변의 사람들을 쫓는 격이 된다. 이왕이면 다홍치마라고 좋게 말하는 사람에게 더 정이 가기 마련이다.
7. 지적인 것보다 감정적으로 표현하라.
사람들은 단단한 것보다는 부드러운 것, 차가운 것보다는 따뜻한 것, 부정적인 것보다는 긍정적인 것, 무미건조한 것보다는 감각을 자극하는 정감 있는 말을 좋아한다. 지적인 것보다는 감정이 앞서는 것이 인간의 속성이다. 보다 친밀한 관계를 이끌기 위해서라면 감각적인 표현이 큰 효과를 가져다준다.

출처 : 윤치영(2013). 마음을 움직이는 따뜻한 대화법, p. 40.

의사표현은 상황이나 사태와 관련하여 공식적 말하기, 의례적 말하기, 친교적 말하기로 구분한다. 구체적으로는 대화, 토론, 보고, 연설, 인터뷰, 낭독, 소개하기, 전화로 말하기, 안내하는 말하기 등이 있다(김종두, 2017).

〈표 7-1〉 **의사표현의 종류**

종 류	개 념
공식적 말하기	• 사전에 준비된 내용을 대중에게 말하는 것이다. 공식적 말하기에는 연설, 토의, 토론 등이 있다. • 연설은 말하는 사람 혼자서 여러 사람을 대상으로 자신의 생각이나 감정에 관하여 일방적으로 말하는 방식이다. • 토의는 여러 사람이 모여서 공통의 문제에 대하여 가장 좋은 해답을 얻기 위해 협의하는 말하기이다. • 토론은 어떤 논제에 관하여 찬성자와 반대자가 각기 논리적인 근거를 발표하고, 상대방의 논거가 부당하다는 것을 명백하게 하는 말하기이다.
의례적 말하기	정치적, 문화적 행사와 같이 의례적인 절차에 따라 하는 말하기이다. 예를 들어, 주례, 회의 등이 있다.
친교적 말하기	매우 친근한 사람들 사이에 가장 자연스러운 상태에서 떠오르는 대로 주고받는 말하기이다.

출처 : 김종두(2017). 의사소통능력, p. 130 재구성.

Plus Point 다음의 토론 주제로 찬반토론을 해보자.

• 식용 개 문제
• 유기견
• 안락사, 존엄사
• 흡연
• 기타 등등

2. 효과적인 의사표현 기술

효과적인 의사표현 기술은 자신이 가지고 있는 역량과 능력을 극대화시켜 주는 기능을 가진다. 자신이 생각하는 바를 언어적·비언어적 요소를 바탕으로 표현할 수 있어야 한다. 의사표현 기술은 자신을 객관적으로 바라보며 끊임없이 훈련하고 연습할 때 향상된다. 다음에서 소개되는 효과적인 의사표현 기술을 통해 말하기 능력을 배양해 보자.

1) 언어적인 의사표현 기술

한번 뱉은 말은 돌이킬 수 없는, 말의 일회성 때문에 우리는 책임 있는 말을 해야 한다. 의미 없이 그때그때 생각나는 대로 아무렇게나 말하거나 생각 없이 하는 말로 인해 상대방은 큰 상처를 받기도 하고 말하는 사람을 나쁘게 평가하기도 한다. 사소한 오해가 직장생활을 힘들게 만들 수 있다. 말의 힘은 인간관계까지 영향을 미친다. 따라서 말하는 상황과 맥락을 고려해야 한다. 다음은 의사소통이 효과적으로 이루어지기 위한 언어적인 기술이다.

(1) 나 – 전달법(I–message)

나 – 전달법은 '나'를 주어로 하여 상대방의 행동에 대한 자신의 생각이나 감정을 표현하는 대화방식이다. '너'를 주어로 하여 상대방의 행동에 대해 충고, 명령, 비난 등의 느낌을 전달하고 표현하는 너 – 전달법(You-message)과 달리, 나 – 전달법은 자신의 입장과 감정을 전달해서 상호이해를 돕고, 솔직한 느낌을 전달할 수 있다. 문제가 생겼을 때 "너 왜 그래?", "자네 이것밖에 못해?" 등으로 표현하는 너 – 전달법을 사용하게 되면 상대는 반감부터 들거나 변명과 저항을 보이기 쉽다.

반면 나-전달법은 상대방이 문제를 스스로 해결할 수 있도록 돕는 기본적인 의사소통 기술로서(서혜숙 외, 2017), 객관적 사실을 이야기한 후 그 행동의 영향에 대해 설명하고, 자기가 느낀 감정을 언어로 표현하는 3단계를 거친다.

① 1단계 : 객관적 사실

- 문제가 되는 상대의 행동과 상황을 평가 없이 객관적으로 말한다.
- 문제가 되는 객관적인 사실을 구체적으로 묘사한다.

> 예 (○) 네가 약속시간에 늦을 때
> (×) 툭하면 약속시간에 늦고

② 2단계 : 행동의 영향

- 상대방의 행동이 자신에게 미치는 영향과 결과를 구체적으로 말한다.

> 예 (○) 사고가 났나 싶어서 아무것도 못했어
> (×) 연락도 없이 30분 지나서 다른 일도 못했잖아?

③ 3단계 : 느낀 감정, 바람

- 그 결과 때문에 내가 느끼게 되는 감정을 솔직히 말한다.
- 그 행동으로 인해 내가 경험하는 감정을 실망, 분노, 슬픔, 걱정, 짜증 등으로 표현하고 상대에 대한 바람을 표현한다. 내가 원하는 것과 상대방이 해주기 바라는 것을 긍정문, 의문형으로 부탁한다.

> 예 (○) 나는 걱정도 되고, 화가 나기도 했어 (감정)
> 다음부터는 미리 연락이라도 해주면 좋겠어 (바람)
> (×) 툭하면 약속에 늦게 오는 이유가 뭐니? 짜증 나 (감정)
> 지난번 약속도 늦더니, 다음부터 빨리 와 (바람)

다음은 3단계 프로세스를 적용한 사례이다.

▶ **사례 1** : 출장 후 직원이 회사에 연락도 없이 복귀하지 않은 상황

객관적 사실	출장 갔다가 마치고 전화도 없이 복귀를 안 하면
행동의 영향	김○○ 씨가 어디에 있는지 모르기 때문에
느낀 감정, 바람	김○○ 씨에게 무슨 일이 생긴 건 아닌지 걱정됩니다. 다음부터는 연락을 해요.

▶ **사례 2** : 독서실에서 공부할 때

객관적 사실	나는 네가 옆 사람과 큰 소리로 말하니까
행동의 영향	시끄러운 소리 때문에 공부를 할 수가 없어
느낀 감정, 바람	짜증나고 속상했어. 다음부터는 조용히 공부하자.

나-전달법을 사용할 때에 주의할 점이다(이송이 · 심태운, 2014).

첫째, 다시 적극적인 자세를 취한다. 그 이유는 상대방 때문에 나에게 좋지 않은 감정이 생겼다는 이야기를 반복하면 상대방을 일방적으로 공격하는 셈이 되기 때문이다. 둘째, 상대방의 행동을 인해 생긴 부정적인 감정만을 강조하지 않는다. 셋째, 쌍방의 행동 중 무엇이 문제가 되는지 구체적으로 밝힌다.

다음의 사례를 읽고 나-전달법을 연습해 보자.

Plus Point 나-전달법 연습

- 뉴스를 보는데 아이들이 너무 시끄럽게 떠들고 있다.

- 내일까지 업무보고를 해야 하는데, 이 대리가 업무를 마치지 않은 채 퇴근해 버렸다.

- 민수가 환기가 안 되는 방에서 담배를 피우고 있다.

- 일이 많은데 작업시간에 박 과장이 동료와 이야기하고 있다.

- 일요일 아침이라 늦잠을 자고 싶은데 텔레비전 소리를 크게 틀어놓고 있다.

- 팀장이 일에 대한 자세한 설명 없이 업무를 지시했다.

출처 : 김은영(2015). 인간관계의 이해와 적용, p. 252.

(2) 123 화법

성공하는 대화의 비결은 잘 들어주는 것이다. 내 이야기는 1번 말하고, 상대방의 이야기는 2번 듣고, 상대방의 이야기에 3번 맞장구를 친다는 의미이다. 예를 들어, '아 그렇습니까? 잘 됐습니다', '이런' 등이 있고, 동의하는 맞장구로 '과연!', '정말 그렇겠군요', '알겠습니다' 등이 있다. 그리고 정리하는 맞장구는 '말하자면 이런 것입니까?'라든가 '그 말씀은 ~하다는 말씀이십니까?' 등이 있다(이해선 · 김은미, 2014).

맞장구는 상대와 허심탄회하게 대화하기 위해서 필수적이다(김현정, 2014).

응원의 맞장구	긴장 완화의 맞장구	정리의 맞장구
• 역시 대단하네요. • 그럴 수도 있군요. • 할 수 있어. 반드시 돼. • 꼭 해낼 수 있을 거야. • 정말 기대되는데.	• 그럴 만했네요. • 정말 힘들었겠어요. • 정말 큰일 날 뻔했군요. • 많이 피곤하겠어요. • 많이 속상했겠어요.	• 어떻게 될 거라는 말씀이죠? • 이후엔 이렇게 되겠네요. • 이 말씀은 이런 의미이지요?

(3) '덕분에' 대화법

'너 덕분에'는 상대방에게 감사를 표현하는 대화법이다. 반면 '너 때문에'는 상대방에게 책임을 미루는 말이다. 우리는 평소 습관적으로 '때문에'라는 말을 많이 사용한다. 습관처럼 내뱉는 말 한마디로 갈등이 생길 수 있다. 경우에 따라 ' 때문에'라는 말을 써야 한다면, '나 때문에'라는 말을 쓰도록 노력해 보자.

(너) 덕분에 대화법 : 너 덕분에 오늘 발표를 잘 할 수 있었어 (○)
(너) 때문에 대화법 : 너 때문에 오늘 발표를 망친 것 같아 (×)
(나) 때문에 대화법 : 나 때문에 오늘 발표를 망친 것 같아 미안해 (○)

(4) 경청하기

말을 잘 하기 위해서는 먼저 남의 말을 잘 듣는 것이 필요하다. 경청은 상대방의 말을 잘 듣기만 하는 소극적이고 수동적인 행위처럼 느껴질 수 있다. 그러나 경청은 상대방의 이야기를 조용히 듣는 것뿐만 아니라, 상대의 마음을 읽고 적절한 피드백을 주는 능동적인 과정도 포함된다. 경청은 상대방과 친밀감을 형성하고 유지시켜 주는 가장 중요한 효율적인 의사소통 기술이다(이경순 외, 2012). 경청에는 다음과 같은 세 가지 방법이 있다.

① 침묵을 지키는 수동적 경청

아무 말 없이 미소를 짓거나 고개를 끄덕이는 등의 비언어적 행동으로 의사표현을 하는 것이다. 하지만 적절한 반응을 보여서 상대방에게 대화를 계속할 의도가 있다는 것을 보여주어야 한다.

② 상대의 이야기에 동의하는 간단한 감탄사나 반응을 하는 것

아, 그랬구나, 역시, 정말, 다음에 어떻게 되었는데?

③ 적극적인 경청으로 상대방의 마음까지 헤아려 주는 방법

자신의 이해를 전달하고 감정을 전달하여 상대방의 마음을 헤아리는 것

경청은 훈련으로 익힐 수 있는 기술이다. 상대방의 입장을 이해한다는 생각으로 적극적으로 듣자. "정말요?", "그래요?"와 같은 맞장구를 치는 것은 잘 듣고 있다는 신호이자 상대를 존중하는 표현이다. 상대를 이해하게 되면 갈등을 해결할 수 있다. 경청해야 할 이유이다.

(5) 자기 노출

의사소통을 할 때 개인적인 감정과 경험을 드러내어 표현함으로써 의사소통을 원활히 이끌 수 있다. 자기 노출이란 자신의 생각, 감정, 경험 등 자신에 관한 정보를 언어적 혹은 비언어적으로 남에게 표현하는 것이다. 자기 개방이라고 불리는 자기 노출은 인간관계를 더 가깝게 만들고 지속적으로 이어지게 만든다.

실제로 우리가 상대방의 말이나 행동에 대해 느끼는 감정이나 정서를 적절하게 표현하고 나눌 수 있을 때 우리의 대화는 촉진되며 더욱 깊은 마음의 대화를 나눌 수 있다(최세영 외, 2017).

A : 오늘 업무가 많아 너무 힘들다. 새로운 프로젝트까지 맡아서 지치네.
B : 그랬구나. 나도 새 업무에 적응할 때 힘도 들고, 윗사람들 눈치 보느라 바빴던 것 같아.
A : 새로운 걸 하는 게 이렇게 힘들지 몰랐어.
B : 그럴거야. 그렇지만 이 일도 잘 해내면 배우는 것도 있을 거야. 지난번 프로젝트도 힘은 들었지만 도전하는 느낌이 참 좋았던 것 같아.
A : 지금 나도 도전 중인 걸까?
B : 그럼! 적응할 때 힘이 드니까 이번 프로젝트를 마치면 넌 성장할 거야. 기운 내! 넌 할 수 있어.

대화에서 이렇게 솔직하게 마음을 드러내면 인간적인 매력이 느껴지고 관계를 확고히 할 수 있다. 진심이 담긴 말은 상대방을 움직이게 하고 관계를 매끄럽게 만든다. 그러나 상대방에게 부정적인 감정을 가지고 있다면 말하는 도중에 알게 모르게 공격적인 말이 나올 확률이 크다. 이럴 때는 잠시 떨어져서 자신의 감정을 객관적으로 관찰해야 말실수를 줄일 수 있다.

(6) 질문하기

질문은 상대방에게 추가적인 정보를 요청하고 상대의 감정, 의견, 태도를 확인하는 것으로 상대방에 대한 관심과 호기심의 표현이 될 수 있다(최세영 외, 2017). 질문은 상대방이 말할 동안에 생각할 시간을 벌어주고, 상대방의 의견도 들을 수 있다. 그러나 '왜'라는 질문은 상대방을 방어적으로 만들며 자신의 행동을 설명하도록 요구한다(서혜석 외, 2017). 질문을 할 적절한 시기와 내용을 고려해서 질문하는 것이 바람직하다.

상대방이 단답형으로 대답할 수 있는 질문은 닫힌 질문이다. 개방적인 질문은 자유로운 응답을 할 수 있으므로 다양한 반응을 이끌어 낼 수 있지만, 가급적 한 번에 하나의 질문을 하는 것이 좋다. 질문을 할 때에는 상대방의 마음을 열고 의견을 자유롭게 말할 수 있는 열린 질문을 하는 것이 대화의 주도권을 잡는 방법이다.

단답형(폐쇄형) 질문	열린(개방형) 질문
• 딸기가 맛이 있어요? 없어요? • 제가 말한 것이 맞아요? 틀려요?	• 일이 이렇게 진행되지 않는 이유는 무엇일까요? • 이번 신규 사업에 대해서 어떻게 생각하십니까?

또한 질문할 때에는 상대방의 말이 끝날 때까지 기다려 주고, 반응할 수 있는 충분한 시간을 주는 것이 좋다.

(7) 유머

유머는 상대에게 호감을 주고, 주의를 집중시키고, 긴장감을 완화시키는 역할을 하기 때문에 매우 중요하다. 대화를 나눌 때 적절히 유머를 섞어가면서 의사표현을 하는 것은 사람에 따라서 쉬우면서도 어려울 수도 있다. 상황에 맞는 유머를 즉흥적으로 구사하는 것은 대화를 원활하게 풀어가는 윤활제라고 할 수 있는데, 다음은 유머를 활용할 수 있는 방법이다.

- 자기의 실패담을 이야기한다.
- 기발하고 참신한 자료를 찾는다.

- 한 단계 더 파고든다.
- 습관적인 사고방식을 배제한다.
- 청자 가운데 한 사람을 화제로 삼는다.
- 쾌활한 태도로 간단한 이야기를 임기응변식으로 처리한다.
- 이야기는 빨리 하고 빨리 끝낸다.
- 서투른 유머를 해서는 안 된다.
- 무리하게 웃기려고 하지 않는다.
- 청자를 염두에 두고 이야기를 선택해야 한다.
- 다른 사람의 기분을 상하게 하는 이야기는 하지 말아야 한다.
- 화자가 먼저 웃어버리면 안 된다.

그러나 중요한 것은 유머는 말하려는 스토리의 보조 장치일 뿐이라는 것을 명심해야 한다. 다음은 다수의 사람 혹은 청중을 대상으로 웃음을 줄 때 활용할 수 있는 멘트들이다(박대령, 2016).

- 손에 아주 홍수가 났군요.
- 심장이 배 밖으로 튀어나올 것 같아요.
- 다들 쳐다보시니까 마치 낭떠러지에 서 있는 기분이 듭니다.
- 머릿속에 아무 생각도 안 나고 뛰쳐나가고 싶어요.
- 스키장에 온 거 같아요. 눈앞이 하얘집니다.
- 저는 별명이 홍익인간입니다(얼굴이 빨개진 사람의 멘트).

(8) 알기 쉬운 화법

언어적 의사표현 기술은 특별하기보다는 남들이 알아듣기 쉽게 말하는 것이다. 알기 쉬운 화법의 기본 핵심은 다음과 같다(오시마 도모히데, 2007).

첫째, 한 문장의 길이를 짧게 한다. 장황하게 말하면 무슨 말을 하고 싶은지 알 수 없다. 그러나 짧은 문장을 이어가면 듣는 사람에게 활기찬 인상을 주고 공감을 얻기도 쉬워진다.

둘째, 접속 어구를 적절하게 끼워 넣는다. 논리적으로 말하기의 핵심은 상대가 틀린 해석을 하지 않도록 하는 것이다. 예비 지식이 전혀 없는 사람이라도 오해하지 않게 하기 위해서는 이야기의 전후관계를 나타내는 접속 어구를 적절히 넣어야 한다.

Plus Point 접속사의 분류와 예

- 앞뒤 내용을 연결한다 - 그러니까, 그래서, 따라서, 그러므로, 그러자
- 앞의 내용과 상반된 것을 말한다 - 그러나, 하지만, 그런데, 그래도, 그렇다 하더라도
- 앞의 내용에 덧붙인다 - 그리고, 또한, 게다가, 더욱이, 그와 더불어, 나아가
- 앞의 내용을 말로 바꾸어 설명한다 - 즉, 이를테면, 예를 들어, 요컨대
- 앞의 내용에 이유 등을 보충한다 - 왜냐하면, 단, 하기는, 덧붙여
- 어느 한쪽을 선택한다 - 또는, 혹은, 그렇지 않으면
- 화제를 바꾼다 - 그런데, 자, 그럼, 그건 그렇고, 다음으로

출처 : 오시마 도모히데(2007). 논리적으로 말하는 기술.

셋째, 앞으로 전개를 예측하게 한다. 듣는 사람은 이야기의 흐름을 생각하면서 듣기 마련이다. 적절한 접속 어구를 사용한다.

넷째, 중요한 내용은 반복한다. 상대에게 꼭 기억시켜야 하는 내용은 논리적으로 말하는 것만으로도 부족하다. 한 번 더 반복해야 인상에 깊이 남길 수 있다.

이상에서 살펴본 효과적인 의사표현 기술 이외에도 원활한 의사표현을 하기 위해서는 다른 사람의 마음을 읽으면 좋다. 좋은 말은 더 기분 좋게, 부담스러운 내용이라도 실망이나 다툼을 야기하지 않고 상호 이해할 수 있도록 부드럽게 처리하는 요령이 필요하다.

성의 있고 진실한 자세, 상대에 대한 세심한 관찰, 긍정과 공감에 초점을 둔 의사표현 기법을 습득하고 있다면 안정감 있는 인간관계를 이루는 것이 그리 어렵지는 않을 것이다.

다음에 소개하는 방법들은 원활한 의사표현을 위한 작은 팁이다(한국산업인력공단, 2016b).

- 올바른 화법을 위해 독서를 하라.
- 좋은 청중이 되라.
- 칭찬을 아끼지 마라.
- 공감하고, 긍정적으로 보이게 하라.
- 겸손은 최고의 미덕임을 잊지 마라.
- 과감하게 공개하라.
- '뒷말'을 숨기지 마라.
- '첫마디' 말을 준비하라.
- 이성과 감성의 조화를 꾀해라.
- 대화의 룰을 지켜라.
- 문장을 완전하게 말하라.

2) 비언어적인 의사표현 기술

우리는 말을 하지 않아도 다른 사람과 의사소통을 할 수 있다. 때로는 비언어적 의사표현이 훨씬 더 큰 영향력을 갖기도 한다. 그리고 비언어적 의사표현 기술은 언어적 의사소통 과정을 보다 효과적으로 진행하는 데 도움을 줄 수 있다. 의식적이거나 무의식적인 몸짓과 얼굴 표정, 시선을 마주치는 것, 상대방과의 거리, 음성(어조, 억양, 고저 등) 등의 비언어적 표현은 우리가 하는 말을 강화하기도 부정하기도 한다.

(1) 자세

음성을 효과적으로 사용하기 위한 전제가 바른 자세이다. 바른 자세의 기본은 가슴을 올리고 배를 집어넣는 것이다. 서 있을 때는 양쪽 다리에 체중을 균형 있게 배분한다. 다음은 자세를 바로 할 수 있는 방법이다.

첫째, 등이 의자 등에 닿지 않도록 몸을 앞으로 조금 당겨라.

둘째, 앉은 채로 키를 최대한 높일 수 있도록 상체를 위로 쭉 뻗어라.

셋째, 가장 큰 소리로 말하는 것처럼 가능한 한 성대와 목의 근육을 조여라.

넷째, 한꺼번에 긴장된 모든 근육을 풀어라.

다섯째, 가능한 한 몸을 이완시키고 곧바로 앉아, 목과 목구멍의 근육이 완전히 이완되도록 하라.

여섯째, 머리를 정상적인 자세보다 더 어깨에 가까워져야 한다.

일곱째, 말하는 동안 하품을 하는 자세로 목의 근육과 목청을 유지할 수 있도록 하품을 하여 보아라.

여덟째, 이러한 자세를 계속 유지하면서 짧은 문장을 크게 소리 내어 읽어 보아라.

(2) 시선 처리

시선 처리는 대화, 고객 상담, 프레젠테이션 등 다양한 장면에서 이루어지는 의사소통을 성공적으로 이끄는 데 매우 중요한 도구이다. 시선 처리하기가 힘들거나 잘못해서 여기 저기 둘러본다면 아무리 말을 잘해도 상대방에게 좋은 점수를 받기 어렵다. 특히 상대방의 말을 들으면서 눈을 응시하지 않으면 자신감이 없거나 뭔가 숨기는 것이 있는 사람으로 느껴질 수 있다. 올바른 시선 처리 방법에 대해 알아보자(윌리엄 장, 2009).

첫째, 시선은 청중을 향해 전체적으로 골고루 배분하면서 마주한다.

둘째, 청중이 많을 때는 먼저 정중앙에 앉은 사람부터 시선을 준다.

셋째, 1 : 1로 대화를 하듯 시선을 적절히 안배하라.

넷째, 어느 한 부분에 편중하지 마라.

다섯째, 신념과 열정이 담긴 시선으로 전달하라.

Plus Point **시선 처리 트레이닝**

다음 문장을 활용해서 시선 처리 연습을 해보자. 첫 인사는 가운데 있는 청중을 보며 시작했다가 시선을 왼쪽 → 가운데 → 오른쪽 → 다시 가운데로 자연스럽게 옮기면서 고른 시선 분배를 해보자.

(미소를 띤 채 가운데를 응시하며)

안녕하세요? 저는 플로리스트 이정원입니다. (인사말 후, 허리를 45도로 숙여 인사)
여러분, 말리꽃의 꽃말이 뭔지 아십니까? (왼쪽을 응시하며)
바로 친절과 행복을 상징한다고 합니다. (가운데를 응시하며)
오늘 하루, 친절한 미소로 행복한 하루 보내시기 바랍니다. (가운데를 응시하며)
감사합니다. (말을 마친 후, 허리를 45도로 숙여 인사)

출처 : 우지은(2015). 스피치 시크릿 21, p. 264.

(3) 음성

목소리는 메시지의 전달뿐만 아니라 말하는 사람에 대한 인상을 반영한다. 어떤 사람에 대한 이미지를 결정하는 데 외모만큼 음성 또한 중요하다. 좋은 인상과 호감을 주기 위해서는 적절한 음성 톤과 음량, 속도가 뒷받침된 목소리 연습과 훈련이 필요하다.

좋은 목소리는 상대가 편안한 마음으로 들을 수 있는 적절한 크기와 분명하고 명확한 음성이어야 한다. 그리고 대화 내용에 따라 음성을 변화시키는 요령을 습득하는 것이 필요하다. 목소리에도 고음과 중음, 저음이 있고 안정된 기분 좋은 목소리는 '미'와 '파' 정도이다. 일 대 일 대화에서는 '미' 정도의 음정에 맞추면 신뢰감을 얻을 수 있다(이서영, 2014).

듣기 좋은 상태를 유지하고, 좋은 음성을 갖기 위해서는 음성관리는 필수적이다. 다음은 평소 음성 관리를 위한 유의사항이다.

첫째, 목소리가 잘 나오지 않으면 따뜻한 차를 마시는 것이 좋다.

둘째, 숨을 깊게 들이마셔라. 숨을 얕게 들이마시면 목소리가 떨릴 수 있다.

셋째, 음가를 정확히 내기 위해서는 입을 크게 벌려라.

넷째, 활기차게 말하는 습관을 들이도록 평소에도 연습하는 것이 좋다.

다섯째, 음성을 낮추면 설득력 있게 들린다. 낮은 목소리는 전화 통화나 마이크를 사용한 소통 시에는 더 진가를 발휘할 수 있다.

여섯째, 콧소리를 내는 사람의 경우에는 말할 때 턱과 혀를 느슨하게 하고 목과 입을 열어 소리가 코로 나오는 대신 입으로 나오도록 의식적으로 연습할 필요가 있다.

일곱째, 당분과 지방질 음식이 성대 보호에 좋다.

여덟째, 술과 담배를 절제하는 것이 바람직하다.

Plus Point 말하기 트레이닝

☞ 다음의 문장을 정확한 발음으로 읽어보자.

1. 삼국지는 위서 30권, 촉서 15권, 오서 20권, 합계 65권으로 되어 있다.
2. 감귤류 껍질과 함께 절여 만든 과일잼인 마멀레이드는 원래 마르멜로 열매로 만든 잼이라는 뜻의 포르투갈어이다.
3. 라일락꽃 같은 라이안의 내로라하는 여덟 명의 처녀들이 랄랄랄라 랄랄랄라 노래를 부르며 몸을 흔든다.
4. 모락모락 김이 나는 맛있는 만두를 말썽꾸러기 말복이가 마구간 말들에게 말없이 줘버렸다.
5. 서촌 사는 서울 사람이 서울특별시 서대문구 성산로 13길에 사는 신송선 씨를 찾는다.

6. 잘 익지 않은 질긴 고기를 잘근잘근 썰어서 조물조물 주물러 약한 불에 지글지글 다시 구워라.
7. 볼레로와 밤의 가스파르로 유명한 프랑스 작곡가 라벨은 에스파냐풍의 정서를 나타내며 세계 근대악파의 지도적 지위를 지니고 있다.
8. 레알 마드리드와 아틀레티코 마드리드 경기에서 결승골을 넣은 치차리토의 본명은 하비에르 에르난데스이다.
9. 반달모양이 기본적인 형태인 청동기 시대의 대표적인 수확도구인 반달돌칼은 장방형이나 삼각형의 돌칼도 있다.
10. 초롱초롱 눈망울이 예쁜 착한 초롱이는 추운 겨울 칫솔에 치약을 묻혀 치카푸카 칫솔질을 철저히 한다.

출처 : 우지은(2015). 스피치완성을 위한 3분 스위치, p. 43.

(4) 몸동작

전달하려는 내용에 따라 우리의 몸동작이 달라지는데, 몸짓을 적재적소에 사용하면 말하려는 내용의 의미전달에 효과적이다. 다음은 제스처를 사용할 때 고려할 내용이다(우지은, 2015).

첫째, 몸짓이 역동적이고 활기차야 한다.
둘째, 어색하지 않고 자연스러워야 한다.
셋째, 몸동작을 순간 멈추면 강력한 집중 효과가 있다.

Plus Point 몸짓을 자연스럽게 하는 방법

① 두 다리 사이를 너무 넓게 벌리지 않는다.
② 몸의 체중을 한쪽 다리에 의존하지 않는다.
③ 지나치게 경직된 자세를 피한다.
④ 갑자기 자세를 고치지 않는다.
⑤ 뒷짐을 지거나 팔짱을 끼거나 손을 주머니에 넣지 않는다.
⑥ 화자와 청자의 시선을 연결시킨다.

⑦ 시선을 골고루 배분한다.
⑧ 눈동자를 함부로 굴리지 않는다.
⑨ 시선을 불안하게 두지 않는다.
⑩ 대화의 내용과 시선을 일치시킨다.

출처 : 윌리엄 장(2009). 사람들의 머리와 가슴에 확 꽂히는 말, p. 87.

3. 상황과 대상에 적합한 의사표현 방법

우리는 단체 회의, 공식적인 자리, 비공식적인 자리 등 다양한 상황에서 많은 사람들과 다양한 장소에서 의사소통을 한다. 의사소통에서 중요한 것은 상황과 대상, 장소에 맞게 적절한 의사소통을 하는 것이다.

1) 상황에 맞는 의사표현 방법

의사표현을 하다 보면 곤란한 말을 해야 할 때도 있고, 불쾌한 감정을 타인에게 전해야 할 때도 있다. 다음은 직장에서 일어날 수 있는 다양한 상황에서 적절하게 대처할 수 있는 방법이다.

(1) 상대방의 잘못을 지적할 때

직장생활을 하다 보면 누구나 실수를 한다. 그러나 좋은 것이 좋은 것이라고 넘어가다 보면 더 큰 문제가 될 수 있다. 실수가 문제가 되었을 때는 상대가 알 수 있도록 확실하게 지적한다. 모호한 표현은 설득력을 약화시킨다. 상대방의 잘못을 지적할 때는 먼저 상대방과의 관계를 고려한다. 힘이나 입장의 차이가 클수록 저항이 적다. 또한 지금 당장 잘못한 사항에만 한정하지 않고 다른 사안까지 끌어와 지적한다면 효과가 없다. 해야 할 말을 일주일이나 미루다가

혈압이 머리끝까지 오른 다음에 폭발해서도 곤란하다. 갈등을 피한다고 문제가 저절로 해결되지는 않기 때문이다.

아울러 뒤처리를 잊지 말아야 한다. 특히 명심할 것은 불필요한 한마디를 덧붙여서는 안 된다는 것이다. 상대방이 늦었을 경우에 '늦었다'는 사실을 지적하는 것은 괜찮지만, '당신은 왜 항상 늦는 거요?'라고 추궁하듯이 묻는 것은 금물이다.

상황 1	보고서에 항상 오타가 많은 직원의 잘못을 지적할 때
×	보고서에 왜 이리 오타가 많아요? 정신을 어디에 놓고 있는 겁니까?
○	○○씨는 아이디어도 좋고 일처리도 빠르고 다 좋은데, 오타가 많아. 보고서를 작성할 때 오타 없이 정확히 좀 해줘요.
상황 2	**부하직원이 업무상 실수를 할 경우에**
×	그럼 그렇지. 자네 하는 것이 그렇지. 자네 실력이 원래 그것밖에 안 되잖아.
○	• 요즘 엄청 바쁜 모양이네. 안 하던 실수를 다 하고 말야. • 자네답지 않은 걸. 요즘 피곤했나봐. 자네 능력이라면 얼마든지 할 수 있는 것인데.

어떤 사람에게 불만이 있을 때 그 사람에게 직접 말하지 않고 다른 사람을 통해 전달하는 방식도 옳지 않다. 그것은 상대방뿐만 아니라 모두와의 관계가 멀어지게 만드는 지름길이다.

(2) 상대방을 칭찬할 때

칭찬은 별다른 노력을 기울이지 않아도 항상 상대방을 기분 좋게 만든다. 그러나 자칫 잘못하면 아부로 여겨질 수 있으므로, 칭찬도 센스 있게 해야 한다. 예를 들면, 상대방의 업무, 능력, 장점 등에 대해서 칭찬하고, 무의미한 칭찬은 안 하는 것이 낫다. "보고서를 세부적으로 손을 봐야겠지만 아이디어 자체는 상당히 신선하네요"와 같은 간단한 칭찬이 상대를 기쁘게 한다. 칭찬은 듣는 사람을 더 신나게 일하게 하는 추임새이다. 그렇다고 상대를 칭찬하려

할 때 계산을 해서는 안 된다. 칭찬은 진심이 담겨야 한다.

처음 만나는 사람에게 말을 할 때는 먼저 칭찬으로 시작하는 것도 대화를 쉽게 풀어가는 한 방법이다.

상 황	프로젝트를 성공적으로 마친 동료나 하급자를 칭찬할 때
×	김△△ 씨는 우수해, 금방 나를 따라잡겠어. 곧 출세하겠어.
○	김△△ 씨의 기획서는 매우 잘 정리되어 있었어요. 정말 잘했어요. 내가 아주 기분이 좋아요.

(3) 상대방에게 부탁해야 할 때

먼저 상대의 사정을 듣는다. '괜찮습니까?' 하고 상대의 사정을 우선시하는 태도를 보여준다. 그런 다음, 응하기 쉽게 구체적으로 부탁한다. 기간, 비용, 순서 등을 명확하게 제시하면 상대방이 한결 받아들이기 쉽다. 거절을 당해도 싫은 내색을 하지 말아야 한다.

상 황	거래처와 계약 유지를 부탁할 때
×	세부적인 것은 나중에라도 되니까 먼저 계약서부터 합시다.
○	그러면 계약의 구체적인 내용에 대해서도 진행상황을 보면서 추진하기로 합시다.

만약 상사가 부하에게 자료 작성을 부탁할 때에는 애매모호한 부분을 없애고 업무의 배경을 설명하고 정확한 지시를 해야 한다. 그래야만 실수나 시간 낭비를 방지할 수 있다.

상 황	자료 작성을 부탁할 할 때
×	수요일까지 고객에게 전달할 자료를 알아서 잘 준비해 주세요.
○	금요일 회의 때 써야 할 자료를 수요일 12시까지 해줄 수 있어요?

상대방에게 무엇인가를 부탁하거나 전달하고 싶을 때, '죄송하지만, 번거로우시겠지만, 괜찮으시다면' 등의 단어를 사용한다. 대화 앞부분에 충격을 완화할 수 있는 단어를 사용하면 상대방을 배려하면 존중하고 있다는 인상을 줄 수 있다.

상 황	쿠션대화법
○	• 죄송하지만 제가 화장실이 너무 급해서 그러는데, 먼저 사용해도 될까요? • 번거로우시겠지만 한번 더 자료를 찾아봐 줄 수 있을까요? • 괜찮으시다면 제가 보내드린 자료를 한번 검토해 주실래요?

(4) 상대방의 요구를 거절해야 할 때

상대의 제안이나 호의에 대해서 이러저러한 이유로 거절하기 힘든 경우가 많다. 상대방의 요구에 응하기가 불가능하다고 여겨질 때는 모호한 태도를 보이는 것보다 단호히 거절하는 것이 좋다. 상대방에게 먼저 사과한 다음 응할 수 없는 이유를 설명한다. 거절의사를 밝히면서 다른 대안을 제시하면 상대방도 거절당했다는 느낌을 받지 않는다.

상황 1	회식 참석을 거절할 때
×	술을 못 마셔서 가고 싶지 않아요.
○	가고는 싶은데 아침부터 배가 아팠어요. 죄송합니다. 다음 주는 어떤가요?
상황 2	**무리한 요구를 할 때**
×	그것은 조금 무리입니다. 이해해 주세요.
○	드릴 말씀이 없습니다. 여기서는 답변드릴 수 없으니까, 상사와 의논해서 답변해드리겠습니다.

(5) 지시, 명령해야 할 때

직장상사로서 지시를 내릴 때는 그 이유를 설명해 주면 설득력이 있어서 상대방이 쉽게 이해할 수 있다. 영문도 모르고 지시를 따르게 하기보다는 상대방도 기분이 더 좋다. 그리고 '○○을 이렇게 해라!' 식으로 하인 다루듯 강압적으로 말하기보다는 '○○을 이렇게 해주는 것이 어떻겠습니까?' 식으로 부드럽게 표현하는 것이 훨씬 효과적이다. 그리고 지시를 내릴 때에는 최대한 명확하게 해야 한다.

상황 1	동료나 하급자에게 일을 의뢰할 때
×	김△△ 씨, 이것 급하니까 빨리 해서 나한테 가져와요.
○	• ○○를 해줬으면 좋겠는데 할 수 있겠어요? 부탁합니다. • 김△△ 씨에게 ○○를 부탁하려고 생각하는데, 진행상황에 대해 내일 같이 의논하도록 해요.
상황 2	지시, 독촉을 내릴 때
×	회의자료는 미리미리 제출하세요. (애매한 지시)
○	• 회의자료는 회의 시작 2시간 전까지 제출해 주세요. (구체적인 지시) • 이 일이 급한데 언제까지 가능하죠?

부하직원으로서 상사로부터 지시를 받는 입장이라면 다음과 같이 행동하면 좋다.

- 상사가 이름을 부르면 바로 대답한다.
- 반드시 메모하는 것을 습관화한다.
- 지시 사항을 정확히 파악하여 일을 처리한다. 지시받은 내용이 이해가 안 되거나 애매할 때는 나중에 묻지 말고 그 자리에서 바로 묻고 확인한다.
- 직장상사의 지시가 다 끝났다면 메모를 보면서 요약하여 확인한다.

(6) 설득해야 할 때

일방적으로 강요하거나 상대방에게만 손해를 보라는 식으로 하는 '밀어붙이기 식' 대화는 금물이다. 먼저 양보해서 이익을 공유하겠다는 의지를 보여주어야만 상대방도 받아들이게 된다. 따라서 자신이 변해야 상대방도 변한다는 사실부터 받아들여야 한다.

상 황	화가 난 고객을 설득해야 할 때
×	왜 화부터 내십니까?
○	정말 화가 날 만하네요.

(7) 충고해야 할 때

문제상황이나 잘못된 점에 대해서 지나치게 집중해서 말하지 말고 대안을 함께 논의하는 방향으로 대화를 이끄는 것이 좋다. 사람들은 자신의 존재와 능력을 인정해 주고 칭찬해 주는 사람에게 마음을 열게 되어 있다. 자신에게 부정적이거나 거부반응을 보이는 사람에게는 결코 타협적이거나 우호적일 수 없다는 사실을 잊어서는 안 된다.

상 황	실수가 잦은 부하직원이나 동료에게
×	일을 왜 이따위로 해서 엉망으로 만들어요?
○	김△△ 씨는 일처리가 참 깔끔해요. 그런데 신경을 써야 할 문제가 있었어요. 최근에 많지는 않지만, 실수와 빈틈이 좀 눈에 띄네요.

(8) 질책해야 할 때

질책화법에 샌드위치 화법이 있다. 샌드위치 화법이란 '칭찬의 말' + '질책의 말' + '격려의 말'처럼, 질책을 가운데 두고 칭찬을 먼저 한 다음 끝에 격려의 말을 하는 것이다. 그렇게 하면 듣는 사람이 반발하지 않고 받아들이게 된다. 혹 비난을 하고 싶은 생각이 들 경우, 비난하거나 야유하는 말은 결국 부메랑이 되어 자신에게 다시 돌아온다는 사실을 먼저 떠올리도록 하자.

상 황	회사의 업무에 지장을 줄 때
×	혹시 근무시간에 딴짓하는 것은 아니겠지?
○	김△△ 씨는 회사생활에 참 충실히 일하고 있어요. 그런데 실적이 기대에 미치지 못해서 이야기 좀 나누려고 불렀어요. 업무량이 많은 것 같은데, 좀 조정을 해보는 것은 어떨까요?

목소리의 톤이 올라가면 지나치게 공격적인 말이 아닌데도 상대방에게 상처를 줄 수 있다. 누군가를 혼내거나 질책할 때에는 목소리의 톤을 낮춰 가급적 조용히 말하는 것이 낫다. 일반적으로 사람들은 마음을 다치면 상대방의 어떤 논리도 받아들이려 하지 않고, 마음의 문을 닫는다. 대화에서 메시지의 전달도 중요하지만, 감정과 태도도 같이 전달되기 때문이다.

직장생활에서 카리스마가 넘치는 사람일 경우 논리로 밀어붙이는 경우가 있는데, 상대방의 감정까지 읽고 대응하는 것이 바람직하다. 더구나 자신이 다른 사람과 대화할 때 무뚝뚝하고 퉁명스럽게 말하는 편이라고 생각하는 사람이라면 친근하고 따뜻하게 상대방의 감정을 어루만지면서 대화하는 말하기 스타일이 되기 위해 노력해야 한다.

Plus Point 기적을 일으키는 네 가지 말

우리가 일상에서 가장 많이 쓰는 말이지만, 입에서 자연스럽게 나오지 않는 말들이 있다. 형식적으로 그런 말을 할 경우가 많지만 때로는 기적을 일으키는 말이 되기도 한다.

첫째, 죄송합니다.
둘째, 괜찮습니다.
셋째, 감사합니다.
넷째, 사랑합니다.

'죄송합니다', '괜찮습니다' 하며 서로 말문을 열면 얼마든지 해결방법이 나온다. 항상 웃으며 '감사합니다', '사랑합니다'라고 말하는 사람에게는 누구도 시비를 걸 수 없다. 고마움, 용서, 관용, 사랑, 배려가 담긴 이 짧지만 어려운 말을 많이 사용하자. 그러면 모든 것이 잘 풀리고 기쁜 일, 행복한 일이 일어날 것이다.

출처 : 윤치영(2013). 마음을 움직이는 따뜻한 대화법, p. 33.

2) 대상에 따른 의사표현 방법

의사소통에서 중요한 것은 대화가 이루어지는 상황뿐만 아니라 말하는 상대방에 따라서도 의사표현 방법이 달리 적용되어야 한다는 것이다. 우리는 가까운 가족이나 친척, 친구뿐만 아니라 상사, 동료, 후배 등 다양한 사람들과 커뮤니케이션한다. 직업에 따라서는 다양한 연령대의 사람들과 의사소통을 할 경우도 있다. 교사의 경우 영유아와 아동, 그리고 학부모와 의사소통하고 사회복지사는 영유아와 아동뿐만 아니라 청소년, 노인, 위기에 처한 사람들과 의사소통을 한다. 직업이 만약 간호사와 의사라면 아픈 환자와 대화를 나눈다.

여기에서는 주로 직장 내의 인간관계에서 일어날 수 있는 사례를 중심으로 원활한 의사소통 방법을 살펴보자.

(1) 직장상사와의 의사소통

아무리 일상적인 대화라도 직장상사와 나누는 대화는 스트레스가 클 수밖에 없다. 불공평한 권력관계 때문에 상사에게 지나치게 조심스러운 태도를 취하거나 말 걸기도 어렵게 느껴진다.

부하직원의 경우 직장상사로부터 업무적으로 지시를 받는 경우가 많다. 이때 업무를 매끄럽게 처리하지 못하면 문제가 발생한다. 이때 잘못 처리한 업무결과에 대해서 구구절절하게 변명으로 일관하거나 직장상사와 대립하다 보면 신뢰감을 잃고 직장생활까지 더 힘들어진다. "잘못했습니다. 다음부터는 주의하겠습니다" 하고 깔끔하게 사과부터 하는 것이 바람직하다.

직장생활을 하다 보면 직장상사에게 무조건적인 아부만을 하는 사람을 제법 찾아볼 수 있다. 그런 사람에 대해서 뒷담화를 하면서 본인 역시 상사 앞에만 서면 무조건 "네, 네"를 남발하는 예스맨인 사람도 있다. 그 결과 상사가 부과한 과중한 업무 부담으로 인해 오히려 낭패를 보는 경우가 있다. 직장상사에게는 무조건적인 아부보다는 직장동료로서 존중하는 느낌으로 말하는 것이 바람직하다.

Plus Point 상사와 대화할 때 유용한 네 가지 화법

1. **"그렇게 진행해도 되지만, ~가 문제가 될 수도 있다는 점은 말씀드리고 싶습니다."**
   상사가 당신에게 어떤 일을 요구했지만 당신 생각에는 그다지 좋은 방법이 아닐 경우, 이렇게 말하면 상사에게 대드는 것처럼 보이지 않는다. 상사가 바라는 대로 할 용의가 있다는 점을 분명히 밝히면서도 새로운 관점을 제시하는 화법이다.
2. **"말씀하신 내용을 제가 정확히 이해했는지 다시 확인하고 싶습니다."**
   상사의 요청을 이해하지 못했거나, 문제가 있다고 느낀다면 직접 물어야 한다. 당시에는 물어볼 생각을 하지 못했더라도 나중에라도 확인하는 편이 좋다. 사실 직원이 물어보기를 바라는 상사들이 많다. 그래야 메시지가 명확히 전달되었는지 확인할 수 있기 때문이다.
3. **"그러니까 방금 하신 말씀을 정리하면 이런 말이지요?."**
   당신이 일을 한참 진행한 후에야 상사가 중요한 세부사항을 뒤늦게 말해준다거나, 당신이 이해하는 바와 상사의 의도가 다르다는 것을 몇 번 경험했다면 반드시 물어야 할 질문이다. 상사와의 대화르 간략하게 요약해서 이야기한다면 설령 서로 이해하는 바가 다르다고 해도 그 자리에서 바로잡을 수 있다.

출처 : 앨리슨 그린(2019). 직장인의 말연습. 서울 : 빌리버튼.

(2) 동료와의 의사소통

직장동료들과 마음 편하게 수다를 떨면서 스트레스를 떨치면 생활이 활기차고 건강한 직장생활을 할 수 있다. 회사 일과 관련된 대화이거나 개인적인 사적 대화와 수다 등 동료들과 대화를 나누는 것은 직장인의 정신적 스트레스를 풀어주고 건강에 도움이 된다. 그러나 직장동료는 가깝다면 가깝고, 멀다면 먼 사람이다. 동료들과 함께 모여서 말하다 보면 대화주제가 다른 사람에 대한 뒷담화와 회사에 대한 불평불만에 한정될 때도 많다.

특히 험담은 당사자의 귀에 들어가지 않으리라는 암묵적인 전제하에 하지만, 내 입에서 나가는 순간 비밀은 없다. 나쁜 소문은 좋은 소문보다 훨씬 빨리 퍼지고 왜곡되는 것은 시간문제이다. 누군가가 제3자에 대해서 부정적인 이야기를 시작하려 한다면 "난 잘 모르겠던데"라고 일단 피하는 것이 낫다. 무심코 "그래, 그렇지"라고 동조했다가는 본인 역시 피해를 입을 수 있다. 세상에 비밀은 없다. 만약 실수로 다른 사람에게 말해버렸다면 최대한 빨리 실수를 인정하고 수습하는 것이 좋다. 당사자의 귀에 들어가면 인간관계에 금이 가는 것뿐만 아니라 직장생활이 힘들어질 수 있다. 더구나 본인이 사내정치의 희생양이라면 심각한 문제일 수도 있다. 이런 일이 반복되다 보면 직장동료들과 대화도 단절되고 업무 능률이 떨어진다. 유대교 경전인 탈무드에 보면 "악의적인 소문은 한번에 3명을 죽이는데 소문을 내는 사람, 소문을 듣는 사람, 소문에 오른 사람이다"라는 격언은 우리에게 많은 시사점을 준다

한편 매사 불평불만이 많은 동료와의 대화 역시 곤혹스럽다. 일반적으로 사람들은 하루에 긍정적인 말의 10배 이상 부정적인 말을 쏟아낸다고 한다. 그렇다고 해서 끊임없이 신세 한탄만 하고 불평만 늘어놓은 사람과 진지하게 어울리는 것은 피곤한 일이다. 그런 이들과 자주 만나다 보면 카운슬러나 심리치료사가 된 듯한 마음이 든다. 부정적인 표현을 반복하기보다는 같은 말이라도 긍정적인 표현으로 이루어진 대화를 나눌수록 즐거운 동료가 될 수 있다. 긍정적인 말투는 주변 사람을 자석처럼 당긴다.

회식자리에서는 인기 최고지만 회사에서는 '입으로만 일하는' 박 과장, 업무 능력은 인정하지만 말 한마디 건네기도 껄끄러운 정 차장 등 다양한 성격의 직장동료와 호흡을 맞춰 업무 성과를 이루어내기란 쉬운 일이 아니다. 마음속으로는 '저 인간, 왜 저러는 거야. 또 시작이네', '저 인간이랑 일하다가는 내 명에 못 살고 죽겠어', '진짜 같이 일 못하겠어'라는 말이 목구멍 끝까지 차오를 때가 있다. 직장에서는 어떻게 말하는 것이 리스크를 줄이고 좋은 사람으로 받아들여질까?

직장동료와의 대화라고 해서 특별히 다른 것은 없다. 미소를 띠면서 동료의 눈을 마주치면서 상대방이 하는 이야기에 주의집중해서 들으면 된다. 부정적인 표현보다는 "해보겠습니다, 제가 하겠습니다" 등의 적극적이고 긍정적인 태도를 보인다면 상대방에게 신뢰를 줄 수 있다. 일을 하다 보면 실수할 때도 있는데, 그럴 때는 바로 사과를 하는 것이 낫다.

Plus Point 언어폭력

가슴에 화살을 맞은 듯 마음속에서 잘 지워지지 않는 말이 있다. 상대방을 인간 이하로 취급하는 위험한 말이다. 다른 표현을 쓰자면, 듣는 사람의 품위를 떨어뜨리는 '언어폭력'이다. 이런 말에는 직접적으로 상대방을 공격하는 말, 기분 나쁜 별명으로 상대를 은근히 괴롭히는 말 등 여러 가지가 있다. 이번에는 '나'의 기억을 더듬어 보자. 나도 언어폭력을 겪은 적이 있거나 행사해 본 적이 있는가?

1. 누가 내게 어떤 심한 말을 어떻게 했는가?

2. 그 사람은 나의 어떤 행동에 대해 그런 말을 했는가?

3. 그렇게 말한 사람에게 나는 어떤 말을 해주고 싶은가?

4. 언젠가 나 역시 누군가에게 언어폭력을 행한 적이 있는가?(예/ 아니요)

5. 내가 한 폭력적인 말에 대해 어떻게 생각하는가?

6. 내가 그런 심한 말을 하게 된 실제 동기는 무엇이었는가?

7. 그때 내가 그 사람에게 정말 말하고 싶었던 이야기를 아무것도 모르는 어린아이에게 설명해 주듯이 다시 표현해 보자.

출처 : 마인드비전연구회(2003). 함께 나누는 마인드 비전, pp. 108-109.

(3) 고객과의 의사소통

고객의 생각이나 감정에 대한 이해 없는 소통은 불통이다. 고객과의 직접적인 대화 이외에도 고객의 혼잣말이나 동행한 고객과 대화하는 소리에 귀를 기울여 들어야 한다. 진짜 불만이나 요구사항을 알아차릴 수 있기 때문이다.

만약 당신이 교사라면 당신의 고객은 영유아, 아동, 청소년, 노인일 수 있다. 교육적 상황에서 커뮤니케이션은 매우 빈번하게 발생한다. 활발한 커뮤니케이션은 학생들을 수업에 능동적으로 참여시키며, 교사와 학생 사이의 다양한 의견들을 교류할 수 있게 해준다. 특히 유치원교사와 어린이집교사라면 주의집중시간이 짧은 영유아들을 상대로 대화하기 때문에, 영유아가 이해하기 쉽게 간단한 용어를 사용하여 이해를 돕는 것이 바람직하다. 영유아는 언어보다는 시각적인 그림, 사진, 인형 등 다양한 매체를 이용하여 반복하여 설명하면 효과적이다.

청소년은 어른처럼 행동하지만 심리적으로는 아이와 같은 면이 많다. 청소년은 아니라고 부인하기를 잘하며, 문제가 생겼을 때 친구문제인 것처럼 질문하여 알아보려고 하는 경향이 많다. 이때는 솔직히 말해주고 한계를 짓고 이야기해야 한다.

노인을 상대로 하는 직업인이라면 노인의 특성을 이해해야 한다. 노인은 노인 특유의 문제, 즉 노화로 인해 청력과 시력 상실이 있고 질병과 인지기능의 저하가 뒤따를 수 있다. 또한 영유아와 마찬가지로 주의력 저하 등이 있을 수 있다. 따라서 간단한 단어로 분명히 말하고 몸동작을 사용하여 전달해야 한다. 또한 상냥하고 지지적인 목소리로 대화하도록 한다.

학습내용 요약

1. 의사표현이란 한마디로 말하기이다. 즉, 말하는 이가 자신의 생각과 감정을 듣는 이에게 음성언어나 신체언어로 표현하는 행위이다. 의사표현에는 음성언어와 신체언어가 있는데, 음성언어는 입말로 표현하는 구어이고, 신체언어는 신체의 한 부분인 표정, 손짓, 발짓, 몸짓 따위로 표현하는 몸말을 의미한다.

2. 효과적인 의사표현 기술에는 언어적 의사표현 기술과 비언어적 의사표현 기술이 있다.
   ① 언어적 의사표현 기술 : 나－전달법, 123화법, 경청하기, 자기감정 표현하기, 질문하기, 유머, 알기 쉬운 화법
   ② 비언어적 기술 : 자세, 시선처리, 음성, 몸동작

3. 상황과 대상에 적합한 의사표현 방법
   상황과 대상에 따른 적절한 의사표현이 이루어질 때, 원활한 의사소통이 이루어진다.

08 CHAPTER

직장에서의 말하기

직장에 있으면 매일 윗사람에게 보고하거나 부하직원에게 지시하는 것까지 하루 종일 말을 하게 된다. 진행자로서 행사의 진행을 맡거나 참석자로서 공식행사에서 사회를 보거나 발표한다. 회의를 주재하거나 의사결정을 위해 안건에 대해 토론하기도 한다. 여기에서는 회의, 보고, 행사, 전화통화, 인사말을 중심으로 직장에서의 말하기를 살펴보았다.

CHAPTER 08

직장에서의 말하기

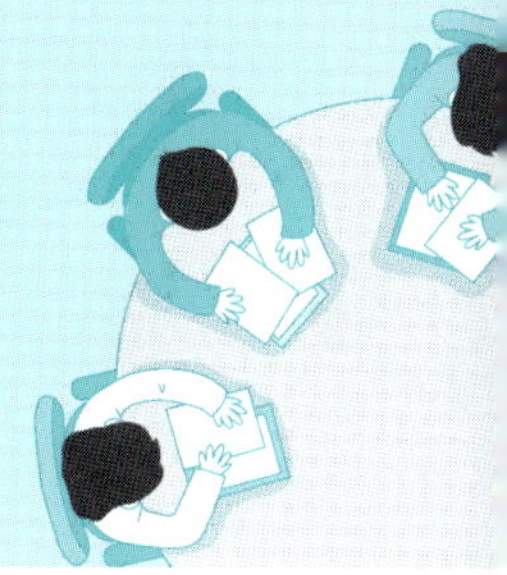

학습내용

제1절 회의

제2절 보고

제3절 행사

제4절 전화통화

제5절 인사말

학습목표

1. 회의가 필요한 상황과 종류를 설명할 수 있다.
2. 보고의 유형과 효과를 설명할 수 있다.
3. 행사진행 시 적절한 방법을 선택하여 적용할 수 있다.
4. 전화통화 시 바른 응대방법을 알고 적용할 수 있다.
5. 직장에서의 바른 인사말을 알고 적용할 수 있다.

주요 용어

회의, 보고, 행사, 전화통화, 인사말

1. 회 의

회의는 거의 모든 회사에서 생활의 일부가 되었다. 직원회의, 부서별 회의, 점심회의, 주간회의, 운영회의, 예산회의, 심지어 회의일정을 잡기 위한 회의까지 회의가 줄줄이 잡혀 있다. 짧은 회의도 있고 시간이 오래 걸리는 장시간 회의도 있다.

직장생활을 하다 보면 이러저러한 회의에 참석해서 자기 의견을 개진하거나 생산적인 회의를 이끌어 가는 역할을 맡을 수 있다. 대개 어떤 결정을 내려야 하거나, 함께 무슨 일을 하기 위해서 혹은 계획을 짜기 위해 회의에 참석한다.

꼭 필요한 회의, 생산적인 회의도 있지만 불필요한 회의도 많고 참석하기 싫은 회의나 시간낭비로만 느껴지는 회의, 자신의 업무와는 상관없지만 참석 대상이 필요하거나 부서별 인원이 할당되어 할 수 없이 회의에 참석하는 경우도 많다.

일대일로 대화할 때는 편하게 행동하고 말이 술술 나오지만, 모임의 규모가 커지는 회의의 경우 말을 꺼내기도 쉽지 않고 압박감이 느껴지기 쉽다.

회의는 안건과 상황에 따라 수시로 열리고 참여인원도 2~3명인 소규모 회의부터 20명 이상이 참여하는 대규모 회의까지 다양하다. 따라서 모든 직장인들은 자신만의 회의기술을 갖출 필요가 있다. 대개 직장인은 적극적으로 나서서 회의를 주도하고 인상적인 의견을 내지는 못하더라도 남들에게 존재감을 나타내고 싶고, 회의에서 남들에게 좋은 인상을 남기고 싶어 한다. 평소 자신의 회의 태도를 생각하면서 회의 태도에 대한 테스트를 해보자.

Plus Point **나의 회의 태도 테스트**

다음 문장을 읽고 각자 자신의 회의 태도를 점검해 본 후 "그렇다/ 아니다"로 답하시오.

1. 나는 다른 사람이 내 의견을 물을 때에만 말한다.
2. 나는 내 생각을 거의 말하지 않는다.
3. 나는 모든 질문에 솔직하고 충실하게 대답하려고 노력한다.
4. 나는 다른 사람들에게 질문하지 않는 편이다.
5. 나는 상사의 생각이나 아이디어만 지지한다.
6. 나는 다른 사람들의 의견에 힘을 실어주지 않는다.
7. 나는 회의에 크게 기여하지 않는 편이다.
8. 다른 사람들이 말하고 나는 듣기만 하는 게 편하다.
9. 나는 뭐가 어떻게 돌아가는지 잘 모르겠지만, 다른 사람들은 회의진행 상황이나 분위기를 잘 알고 있는 것 같다.
10. 문제를 해결하기 위해 꼭 회의를 해야 할까? 쉽고 간단한 해답을 찾기엔 문제들이 너무 복잡하다.
11. 나는 절대로 다른 사람의 의견에 이의를 제기하지 않는다. 설사 잘못된 점을 발견해도 잠자코 있다.
12. 나는 반대에 부딪히면 주장을 관철시키려고 노력하기보다는 주장을 철회한다.
13. 나는 다른 사람의 의견이 미숙하더라도 입증해 보라고 요구하지 않는다.
14. 나는 어떤 사람의 의견을 강제로 통과시키는 일은 하지 않는다.
15. 어렵고 까다로운 문제는 일대일로 만나서 해결하는 게 더 좋다.
16. 이해가 안 가는 부분이 있으면, 추가 설명을 요청하기보다 그냥 넘어간다. 바보 같아 보일 수도 있으니까.

출처 : 로버트 제누아(2014). 당신의 입을 다스려라, p. 214.

회의는 의사결정을 위해 여러 사람이 모이는 자리이다. 회의안건을 보고하든, 참석자로서 토론하든, 회의를 주재하든 기본적으로 지켜야 회의기술이 있다. 회의기술을 소개하면 다음과 같다.

첫째, 말은 적게 할수록 좋다.

필요한 말만 하는 것이 낫다. 회의에 참석했으니 존재감을 나타내기 위해서 무엇인가를 말해야 한다는 압박감이 들기 마련이다. 그렇다고 단순히 이목을 끌 필요는 없다. 회의에서 무조건 말을 많이 해야만 주목받을 수 있다는 것은 잘못된 생각이다. 필요할 때만 말하는 것이 말 잘하는 사람이다.

둘째, 준비 없는 발언은 안 하는 것이 낫다.

꼭 할 말이 있거나 말해야 할 내용이 있을 때는 미리 발언할 내용의 요점을 잘 정리해서 준비해야 한다. 준비되지 않은 말은 장황하게 흘러가거나 횡설수설할 소지가 많다. 속내를 드러내고 생각을 너무 솔직하게 말하는 위험을 무릅쓰는 것은 좋지 않다. 생각을 솔직하게 밝히는 것은 대체로 위험하다. 신중하게 판단해서 말을 가려가면서 해야 한다.

셋째, 집중해서 잘 들어야 한다.

회의가 길어지면 다른 생각도 들 수 있다. 그러다 보면 회의의 흐름을 놓칠 수도 있고, 엉뚱한 발언을 간혹 할 수 있다. 회의가 흘러가는 맥락을 놓치지 않고 집중해서 잘 들어야 한다.

넷째, 회의에 참석하는 사람 모두 알 수 있게 말한다.

회의에는 자신이 속한 조직 구성원만이 아니라 외부기관이나 다른 분야의 사람들도 참석할 수 있다. 회의에서 전문용어나 몇 사람만 알아들을 수 있는 용어로 말하는 것은 곤란하다. 모두가 알기 쉬운 용어로 말한다.

다섯째, 한심한 의견이라도 남을 비하하는 것은 잘못이다.

회의에 참석하는 누군가가 회의 주제와는 상관없는 이야기나 멍청한 소리를 할 때가 있다. 그때 상대의 잘못을 지적하거나 회의에 집중하자고 말을 하고 싶겠지만, 꼭 참아야 한다. 직설적으로 말해서 적을 만들 필요는 없다.

참고로 공식적인 회의 진행 시나리오를 제시하면 다음과 같다.

Plus Point 회의 진행 시나리오

■ 진행순서 사전 안내

- 안녕하십니까? ○○○과 △△△입니다. 바쁘신 중에도 오늘 회의에 참석해 주셔서 진심으로 감사합니다.
- 오늘 회의에 앞서 진행순서에 대해 간략히 말씀드리겠습니다. 먼저 ○○ 안건에 대해 논의하는 시간을 갖도록 하겠습니다. 그리고 마지막으로 ○○○ 님께서 마무리 말씀을 전달하신 후에 오늘 회의를 모두 마치도록 하겠습니다.

■ 개회 및 국민의례

- 그럼 지금부터 제0회 ◇◇위원회 회의를 시작하겠습니다.
- 먼저 국민의례가 있겠습니다. 모두 자리에서 일어나 전면에 있는 국기를 향해 주시기 바랍니다. 국기에 대한 경례(음향 시작) - (음향 끝) 바로.
- 애국가 제창은 생략하도록 하겠습니다(또는 반주에 맞추어 1절만 부르겠습니다).
- 모두 자리에 앉아 주시기 바랍니다.

■ 위원장 인사말씀

- 다음으로 본 회의 위원장이신 ○○○님의 인사말씀이 있겠습니다.
  (경우에 따라 회의참석자 소개)

■ 안건 논의

- 이어서 안건에 대한 논의를 진행하도록 하겠습니다. 간사는 제1안건에 대한 제안 설명을 하여주시기 바랍니다.
- (제안설명)
- 본 안건에 대해 질의가 있으시거나 의견이 있으신 분은 말씀해 주시기 바랍니다.
- 더 이상 의견이 없으시면 가부에 대한 투표에 들어가도록 하겠습니다(혹은 이견이 없으시면 승인된 것으로 간주하겠습니다).
- 다음 안건 설명해 주시기 바랍니다.

■ 기타 건의사항 논의 및 마무리말씀

- 이상으로 안건심의를 모두 마치고 기타 사항 및 건의사항이 있으신 경우 말씀해 주시기 바랍니다.

■ 폐회선언

- 더 이상 없으시면 이상으로 제1회 ◇◇위원회 회의를 모두 마치도록 하겠습니다. 장시간 논의에 참여해 주신 위원 여러분 수고 많으셨습니다. 감사합니다.

2. 보 고

직장에서 제일 많이 사용되는 기본적인 의사소통 유형이 보고이다. 직장상사에게 보고서를 열심히 밤을 새워 제출했는데 혹은 구두로 열심히 보고했지만 상사는 "도대체 무슨 말을 하고 싶은 거야? 앞뒤가 맞아야지", "이 많은 것을 다 읽으라고? 좀 줄여서 가지고 올 수 없어?" 등등 타박하기 일쑤이다. 직장인은 보고 때문에 스트레스를 받고 힘들어한다. 질책을 받고 깨지고 좌절하기 십상이다. 그러나 직장에서의 업무 평가는 직급을 막론하고 직장인의 말과 글을 통해서 평가를 받는다. 충실한 보고를 통해 직장상사로부터 신임을 받고, 맡은 일을 더 신나게 할 수도 있다. 보고는 직장상사와 부하직원을 이어주는 중요한 연결고리이다.

1) 대면보고

업무보고를 위해 직장상사 한 명이나 몇 명의 상사에게 개별적으로 대면보고를 할 경우가 있다. 이때 보고서나 자료 없이 대면보고를 할 경우가 생길 수 있다. 그렇다고 해서 준비 없이 들어가는 것은 금물이다. 보고내용에 대한 생각을 정리해서 간단하게 메모를 준비하는 것이 낫다. 결과보고는 정확하게 해야 한다. 상사 앞에서 메모를 보면서 보고하는 것이 실수를 줄이는 방법이다.

만약 지시를 받고 실행한 결과에 대한 보고라면 반드시 보고를 해야 한다. 지시를 받았을 때 동료에게 미루어서도 안 되고, 업무를 맡은 자신이 직접 업무보고를 해야 한다. 보고를 할 때는 결론부터 말하고 과정은 나중에 말하는 것이 낫다. 직장상사는 여러 가지로 바쁘기 때문에 불필요한 서론보다는 핵심사항을 먼저 말하는 것이 낫다.

그리고 보고하려고 할 때 지시한 사람이 자리에 없을 때는 반드시 메모해서 책상 위에 두고 나온다. 다른 직원이 알아서는 안 될 내용이라면, 다른 직원 앞에서 말하지 말고 메모해서 전달하는 것이 상사에 대한 예의이다. 보고할 타이밍을 적절히 잘 잡아 보고하는 것도 중요하다.

2) 비대면 보고

직장에서는 대면보고만으로 보고가 이루어지지 않는다. 급하게 의사결정을 하거나 처리할 일이 있을 때는 전화나 이메일, 서면으로 보고할 경우가 있다. 직장에서는 이러한 비대면 보고가 자주 이루어진다. 전화보고의 경우 전화받을 직장상사나 동료가 어떤 장소, 어떤 상황에 처해 있는지 모를 때는 더 난감할 수밖에 없다. 준비하지 않고 전화로 말을 할 경우에는 불필요한 말을 하거나 쓸데없는 말을 덧붙일 수 있다. 상대방이 이해하기 쉽게 짧고 간결하게 전달하려는 내용을 미리 메모해 두는 편이 실패를 줄일 수 있다. 많은 사람들이 전화통화는 신경을 쓰지 않을 때가 많다. 얼굴이 보이지 않기 때문에 건성으로 말하는 어투나 음성, 억양 때문에 반감을 살 수도 있음을 명심해야 한다.

Plus Point 중간보고

바람직하지 않은 중간보고	바람직한 중간보고
• 상사가 물으면 그때서야 보고한다. • 일을 신속히 끝내는 것이 중요하므로 중간보고는 생략한다. • 문제가 발생하면 그때 중간보고한다. • 책임자로서 내가 최대한 해결해 보고 해결이 어려우면 그때 보고한다.	• 진행내용이 바뀔 때마다 보고한다. • 급박한 보고는 문자메시지나 포스트잇을 사용한다. • 문제가 생길 조짐이 보이면 즉각 보고한다. • 문제가 파악되면 혼자 해결하려 덤비지 않고 바로 상사에게 보고한다.

출처 : 이정숙(2015). 성공하는 직장인은 대화법이 다르다, p. 199.

3. 행 사

행사는 특정한 목적이나 계획을 가지고 정해진 순서에 따라 조직적으로 진행하는 일을 의미한다. 직장에서는 체육대회, 신년회, 송년회, 기념식, 업무협약식 등 다양한 행사가 이루어진다. 학교나 유치원, 어린이집의 경우에는 입학식, 졸업식 등의 행사가 진행된다. 행사가 진행될 경우 예상치 못한 상황에서 행사 도중에 즉석에서 말할 경우가 있다. 이런 경우에도 평상시 미리 연습을 하면 익숙해진다.

일반적으로 직장에서는 행사진행 시나리오를 준비해서 말하는 경우가 많다. 여기에서는 행사진행자로서의 역할에 한정하여 행사 시나리오(예 업무협약식)를 중심으로 살펴보고자 한다.

■ 개회 및 국민의례	■ 협약체결
• 안녕하십니까? 오늘 진행을 맡은 ○○○과 △△△입니다. 지금부터 ☆☆어린이집과 □□센터 간 교류-협력 협약식을 시작하겠습니다. • 먼저 국민의례가 있겠습니다. 모두 자리에서 일어나 앞에 있는 국기를 향해 주시기 바랍니다. 국기에 대한 경례! 바로! • 이하 의식은 생략하겠습니다. • 모두 자리에 앉아주시기 바랍니다. ■ 참석자 소개 • 이어서 오늘 참석하신 분들을 소개하는 자리를 갖도록 하겠습니다. • 먼저 □□센터에서 참석하신 분들을 소개하겠습니다. ◇◇이사장님입니다. △△소장님이십니다. ○○사무국장님이십니다. • 다음은 ☆☆어린이집에서 참석하신 분들을 소개해 드리겠습니다.	• 각 기관대표님의 말씀 잘 들었습니다. ○○향상을 위해서 각 기관 간 협력이 아주 잘 될 것으로 기대됩니다. • □□센터 이사장님과 원장님은 협약테이블로 이동하여 주시기 바랍니다. • 본 협약은 ○○교육의 △△ 향상과 □□ 활성화를 위하여 상호협력하는 것을 목적으로 하고 있습니다. • 주요 협약내용은 1. 2. 3. • 다음은 협약서 서명 및 교환이 있겠습니다. • 이사장님과 원장님께서는 자리에 준비되어 있는 협약서에 서명해 주시기 바랍니다. 1차 서명된 협약서를 상호교환하여 서명하여 주시기 바랍니다. (협약체결문서 교환)

■ 인사말씀 • 이어서 업무협약에 따른 기관 대표님의 인사말씀을 듣도록 하겠습니다. • 먼저 ☆☆어린이집 원장님의 말씀이 있겠습니다. • 다음은 □□센터 ○○이사장님의 말씀이 있겠습니다.	• 카메라를 향해 포즈를 취해 주시기 바랍니다. (자연스럽게 상호 간 악수 및 협약서 들고 사진 활영 유도) ■ 폐회 • 이상으로 협약식을 모두 마치겠습니다. • 본 행사를 위해 참석해 주신 내빈 여러분께 진심으로 감사드립니다.

4. 전화통화

대개 사람들은 얼굴을 보고 말을 하지 않기 때문에 전화통화는 크게 신경을 쓰지 않는다. 그러나 얼굴이 보이지 않기 때문에 오해가 생겨 상대방을 적으로 만들 수도 있다. 고객을 맞이하는 마음으로, 발음을 정확히 하고, 내용은 간단하고 명료하게, 태도는 친절하고, 말은 정중하게 응대한다.

1) 전화를 받는 요령

- 전화기 벨이 두 번째 울릴 때 수화기를 든다.
- 우선 자기 소속과 이름을 밝힌다(감사합니다. ○○회사 인사팀 ○○○입니다).
- 상대방을 확인한 후 인사한다(○○주식회사의 ○대리님이시라고요? 안녕하세요).
- 메모 준비를 하고 경청한다.
- 용건이 끝났음을 확인한 후 통화내용을 요약하고 복창한다.
- 마무리 인사 후 상대방이 수화기를 내려놓은 다음 조용히 수화기를 내려놓는다(감사합니다. 안녕히 계십시오).

2) 전화를 거는 요령

- 용건을 육하원칙으로 정리하여 메모한다.
  (언제, 어디서, 누가, 무엇을, 어떻게, 왜)
- 전화번호를 확인한 후, 왼손으로 수화기를 들고 오른손 검지로 다이얼을 누른다.
- 상대방이 나오면 자신을 밝힌 후 상대방을 확인한다(감사합니다. ○○반도체 인사팀 ○○○입니다. 실례합니다만 ○○○ 씨 아닙니까?).
- 간단한 인사말을 한 후 시간, 장소, 상황을 고려하여 용건을 말한다(바쁘신데 죄송합니다만).
- 용건이 끝났음을 확인한 후 마무리 인사를 한다(감사합니다).
- 상대방이 수화기를 내려놓은 다음 수화기를 조심스럽게 내려놓는다.

3) 전화통화 시 활용할 수 있는 스피치 기술

잘못된 전화응대로 비즈니스 관계뿐만 아니라 인간관계까지 무너질 수 있다. 자신의 통화방식을 생각하면서 바른 전화매너를 알아보자.

(1) 잘못된 전화응대

- 전화응대 태도가 불손한 경우
  (거참 모르겠다는데 왜 그래요?)
- 전화를 건 사람의 용건을 무시하는 경우
  (바빠 죽겠는데, 그런 일로 전화한 겁니까?)
- 고객 앞에서 개인적인 일로 전화를 길게 하는 경우
  (그래. 그 옷 너한테 어울리더라. 그래 다음에 또 같이 쇼핑하러 가자)
- 용건이 끝나자마자 전화를 탁 끊는 경우

- 성의 없는 응대를 하는 경우
  (다른 부서에 문의하세요)
- 윗사람에게 전화할 때 본인이 직접 걸지 않는 경우
  (○○ 씨, 김 부장님께 전화 좀 대신 해줘요)
- 턱과 어깨에 걸치고 통화를 하는 경우
  (전화받을 때 흐트러진 자세로 음… 그게)

▶ Q&A : 전화를 끊을 때 "들어가세요"라는 말은?

맞지 않다. 전화를 끊을 때 '들어가세요' 하는 인사말은 명령형이고, 일부 지방에서만 쓰고, 다소 상스럽게 들릴 수 있기 때문에 피하는 것이 좋다. 전화를 끊을 때는 '안녕히 계십시오', '고맙습니다, 안녕히 계십시오', '이만 끊겠습니다, 안녕히 계십시오' 등으로 인사하는 것이 좋다.

(2) 전화통화 시 활용할 수 있는 스피치 기술

다음은 직장에서 전화통화를 할 때 활용할 수 있는 스피치 기술이다(천호림, 2014).

① 상대를 기분 좋게 하는 쿠션의 언어 활용

- 괜찮으시다면~ 잠시만 기다려 주시겠습니까?
- 죄송합니다만~ 다시 한 번 걸어주시겠습니까?

② 부정형에서 긍정형으로 전환하기

- 잘 모르겠는데요? → 확인 후에 다시 한 번 전화드리겠습니다.
- 안 됩니다. → 곤란합니다만, 방법을 한번 찾아보도록 하겠습니다.
- 그런 식으로 안 됩니다. → 다른 방법으로는 가능합니다.

③ 명령형을 청유형으로

- 전화드리겠습니다. → 다시 전화드려도 괜찮으시겠습니까?
- 기다리세요/ 잠시만요. → 잠시만 기다려주시겠습니까?
- ○○하셔야 합니다. → 괜찮으시다면 ○○해주시겠습니까?

④ 좀 더 정중한 표현

- 지금 안 계시거든요. → 죄송하지만 지금 부재중이십니다.
- 알고 계시죠? → 실례지만 알고 계시는지요?

⑤ 이럴 때 이렇게

- 누구세요? → 실례지만 누구신지 여쭤봐도 될까요?
- 여보세요? 여보세요? → 죄송합니다만, 전화상태가 좋지 않습니다. 다시 한 번 전화해 주시겠습니까?
- 네? 네? → 죄송합니다만, 다시 한 번 말씀해주시겠습니까?
- 무슨 일인데요? → 무엇을 도와드리면 좋을까요?
- 모르셨어요? → 아, 그 부분에 대한 설명을 듣지 못하셨군요. 다시 한 번 자세히 말씀드릴게요.
- 다시 전화해 주세요. → 제가 잠시 후 편하신 시간에 전화 드려도 될까요?

4) 전화통화 사례

다음은 당신이 미래에 갖게 될 직업이 만약 어린이집교사나 유치원교사라면 참고할 내용이다. 전화는 부모와 급한 연락이 있을 때, 영유아가 갑자기 아프거나 다쳤을 때 영아가 결석했을 때 즉각적인 대화가 필요할 때 사용하거나, 상담할 내용이 있으나 만나기 어려울 때 사용한다. 전화는 간편하게 정보를 전달할 수 있는 이점이 있으나, 긴 시간 동안 심도 있는 이야기를 나누기 어려우므로 심각한 내용에 대한 상담은 따로 시간을 내어 개별면담으로 진행하는 것이 좋다(보건복지부, 2013).

Plus Point 통화 사례

▪ **영유아가 결석했을 때**

"○○ 어머님, 안녕하세요? ○○가 오늘 어린이집에 오지 않아서 걱정이 되어 전화드렸습니다. 무슨 일이 있나요?"

▪ **영유아가 다쳤을 때**

"안녕하세요? ○○ 담임교사인 △△△입니다. 다름이 아니라 ○○가 오늘 놀이 시간에 블록놀이를 하다가 친구와 다툼이 일어나 손등을 물렸습니다. 상처가 심하지는 않아서 보건선생님께서 간단히 치료해 주셨어요. 많이 속상하시죠? 다음부터는 좀 더 주의해서 아이들 놀이를 관찰하겠습니다."

▪ **영유아의 신체에 이상이 생겼을 때**

"안녕하세요? ○○ 담임교사인 △△△입니다. ○○가 등원 후에 몸이 간지럽다고 하여 살펴보니 배에 두드러기가 나 있어서 전화드렸습니다. 오전에 집에서 무엇을 먹고 등원했나요?"

5. 인사말

우리는 공적인 업무 상황에 적합한 표현은 신경을 쓰지만 직장동료나 상사의 결혼식장, 장례식장 등 직장 밖에서의 말하기는 서툰 경우가 있다. 직장인이라면 장소에 맞는 맞춤형 표현도 익혀 적절한 언어기술을 구사해야 한다.

1) 결혼 인사말

축하의 인사를 하는 가장 대표적인 자리는 결혼식장이다. 본인에게는 '축하합니다' 또는 '결혼(혼인)을 축하합니다'라고 하고 부모에게는 '축하합니다', '얼마나 기쁘십니까?' 하고 인사한다.

결혼식에 갈 때는 축의금을 가지고 가는 것이 일반적인데 단자와 봉투에는 '축 결혼', '축 혼인', '축 화혼', '축의', '하의', '결혼(혼인)을 (진심으로) 축하합니다' 중에서 골라 쓰면 된다.

2) 문상 인사말

직장생활을 하다 보면 사내에서 부고를 듣고 장례식장에 가야 하는 상황이 발생할 수 있다. 남녀를 막론하고 문상객은 검은 옷을 입고 가는 것이 바람직하다. 검은 옷이 없다면 비슷한 어두운 계열의 옷을 입고 가는 것이 좋다. 겨울철이어서 외투를 입고 갔다면 가방과 함께 외투를 가지런히 빈소 입구에 두고 들어가는 것이 좋다. 조문순서는 다음과 같다.

(1) 방명록에 서명하기, 부의금 전달

부의금(조의금)은 빈소에 들어가기 전에 미리 봉투에 소속과 이름을 적어 준비해야 한다. 입구에 방명록을 적는 공간이 있는 경우는 방명록에 이름을 적은 후 바로 옆 부의금 함에 부의금을 넣으면 된다. 빈소 안에 부의함이 마련되어 있을 때는 부의금을 부의함에 넣고 접객실로 나와 준비된 식사를 하거나 장례식장을 빠져나오면 된다.

(2) 분향 또는 헌화

빈소에 들어서면 상주에게 간단한 목례를 한 후, 영정사진이 있는 정중앙에서 2~3보 떨어진 곳에 위치한다. 불교식 장례라면 분향을, 기독교나 천주교식 장례라면 대개 헌화를 한다.

분향하는 법	헌화하는 법
• 몸을 숙여 오른손을 왼손으로 받치고 향에 불을 붙인다. • 향을 흔들어 불꽃을 끈 다음 향로에 꽂는다. • 한 걸음 뒤로 물러난 뒤 절을 두 번한 뒤 다시 반절한다. • 상주에게 조문한다.	• 빈소에 마련된 국화꽃을 들어 봉오리가 영정 쪽으로 향하게 단에 올려 애도를 표시한다. • 잠시 묵념한다. 두 걸음 정도 뒷걸음한 후 원래 위치로 돌아간다. • 상주에게 조문한다.

(3) 재배

재배는 두 번 절하는 것을 의미한다. 보통 두 번 절을 한 뒤, 일어나 상주를 보고 맞절(반절을 하거나 목례를)한다.

일반적으로 절을 할 때는 남성은 왼손이 위, 여성은 오른쪽을 위로 가게 하지만, 장례식장에서는 반대로 한다. 남성은 오른손을 위로, 여성은 왼손을 위로 두고 절하면 된다. 영정 앞에서 2번 절한 후, 상주와 맞절을 한 번 하면 된다.

(4) 조문

상주와 맞절이 끝나면 진심을 다해 위로의 인사를 하거나, 가볍게 목례를 하면 된다. 많은 사람들이 문상을 가서 어떤 위로의 말을 해야 하는지를 몰라 망설인다. 그러나 아무 말도 하지 않고 물러 나오는 것이 일반적이며 예의에 맞다. 문상의 말은 문상객과 상주의 나이, 평소의 관계 등 상황에 따라 다양하다. 굳이 말을 해야 한다면 다음과 같은 위로의 말 정도는 괜찮다.

- 삼가 고인의 명복을 빕니다.
- 뭐라 위로의 말씀을 드려야 할지 모르겠습니다.
- 얼마나 애통하십니까?

문상을 받는 상주 역시 문상객에게 아무 말도 하지 않는 것이 좋다. 굳이 말을 한다면 "고맙습니다"라고 문상객에게 고마움을 표하면 된다.

3) 문병 인사말

아플 때는 신경이 예민하고 마음까지 약해지기 때문에 주의 깊은 인사말을 해야 한다. 환자의 병 상태에 따라서도 인사말을 달리 할 필요가 있지만, 희망적인 말을 하는 것이 중요하다. 환자에게는 "좀 어떻습니까?" 또는 "얼마나 고생이 되십니까?"라고 정중히 인사를 한다. 환자와 헤어질 때에는 "조리 잘하십시오", "빨리 나으시기 바랍니다"라고 인사를 하고 나온다. 보호자에게는 "좀 어떠십니까?", "얼마나 걱정이 되십니까?" 또는 "고생이 많으십니다" 등의 말을 상황에 따라 사용한다.

4) 소개말

외부 사람을 직장에서 소개하는 경우가 많은데, 소개할 때는 어느 쪽을 먼저 소개해야 하는지를 생각하고 자연스럽게 말을 건넨다.

Plus Point 소개를 할 때

- 직급이 낮은 사람을 높은 사람에게 소개할 때 - 부장님, 신입직원 최애경 씨입니다.
- 남성을 여성에 소개할 때 - 송 여사님, 황호진 씨를 소개합니다.
- 손아랫사람을 손윗사람에게 소개할 때 - 송 사장님, 영업부 황 대리입니다.

소개를 받았을 때에는 일어서서 웃는 얼굴로 "안녕하십니까, 잘 부탁합니다"라고 인사한다. 이때 습관적으로 다른 사람이 자신을 불러주는 대로 "최애경 부장입니다" 하고 말하는 사람이 있다. 이렇게 하는 것은 잘못된 언어 습관이다. 이름 뒤에 직함을 넣는 것은 그 사람을 높이는 것이다. 남들 앞에서 자신을 소개할 때에는 자신의 지위가 높고 낮음에 상관없이 직함을 이름 앞에 두어야 한다. 예를 들어, "최애경 부장입니다"가 아닌, "부장 최애경입니다" 하고 말해야 한다.

(1) 악수

악수 역시 자기 자신을 소개하는 인사법이다. 손을 잡음으로써 마음의 문을 열고, 손을 흔들면서 서로 하나가 된다는 것을 나타내는 의미가 있다. 악수는 윗사람이 먼저 청하고, 여성이 남성에게, 기혼자가 미혼자에게, 선배가 후배에게 손을 먼저 내미는 것이 바른 악수의 순서이다.

아는 사람을 만났을 때는 악수에 대비해서 오른손에 들었던 물건을 왼손으로 미리 이동한다. 만약 장갑을 끼거나 손이 땀에 젖었다면 바로 정리한 후 악수해야 한다. 상대의 눈을 보면서 웃는 얼굴로 악수한다. 손을 너무 세게 쥐거나 손끝만 내밀고 악수해서는 안 된다. 손을 계속 잡은 채로 말하는 것은 곤란하며 인사가 끝나면 손을 바로 놓는다.

(2) 명함 주고받기

명함은 자기 자신의 소개서이다. 명함은 출퇴근 시에 미리 적당량을 항상 윗주머니에 넣어두는 습관을 길러야 한다. 주고받을 때는 밝은 미소와 함께 "만나 뵙게 되어 기쁩니다"라고 말한다.

① 명함을 줄 때

아랫사람이 윗사람에게 먼저 건넨다. 자신의 이름과 소속이 상대방 쪽에서 보이도록 명함을 건네는 것은 일반적이다. 반드시 일어서서 "○○자동차 영업팀에 있는 김민환입니다"라고 통성명을 한다. 상대가 두 사람 이상일 때는 손윗사람에게 먼저 준다. 상대방을 처음 봤을 때는 명함을 먼저 주고, 소개를 받은 상황에서는 소개받은 사람이 먼저 건네는 것이 적절하다.

② 명함을 받을 때

맞교환할 때는 왼손으로 받고 오른손으로 건넨다. 받은 명함은 그 자리에서 보고, 읽기 어려운 글자가 있을 때는 바로 물어본다. 받은 명함은 손으로 들고 만지작거리지 말고 반드시 상의 윗주머니에 넣는다. 받은 명함은 잘 정리하여 명함첩에 꽂는다. 상대의 명함을 받을 때에는 두 손으로 받는다.

5) 직장에서의 인사

인사는 인간관계의 첫 걸음이다. 인사를 통해 인간관계가 시작되고 끝난다. 아침에 출근할 때나 퇴근할 때도 늘 밝게 인사하는 사람을 보면 기분이 좋아진다. "부탁합니다", "수고하셨습니다", "감사합니다" 등의 인사말이 자연스럽게 생활화되도록 하자.

(1) 일반적인 인사요령

인사할 상대방 앞에 서서 상대방의 눈을 보고, 등을 펴고 허리에서 직선으로 정중하게 머리를 숙인다. 여자는 손을 오른손의 엄지를 왼손의 엄지와 인지 사이에 끼워 하복부에 가볍게 댄다. 숙일 때보다 조금 느린 속도로 몸을 일으켜 다시 상대방의 눈을 본다. 발은 항상 뒤꿈치를 대고 앞부분이 30° 벌어지도록 한다. 인사는 먼저 보는 사람이 먼저 하는 것이 원칙이다.

구 분	상 황
정중한 인사(45~90°)	극히 높은 분이나 의식 등에서 하는 인사나 사과할 때
보통 인사(30°)	일상생활에서 가장 많이 행하는 것으로 보통 윗사람이나 고객을 맞이할 때와 보낼 때
가벼운 인사(15°)	동료나 하루에 두 번 이상 만나는 사람 또는 아랫사람에게 하는 인사
목례(5°)	자주 대할 때나 복도 실내에서

(2) 인사의 종류

유 형	인사 요령
피해를 주었을 때와 실수를 했을 때	죄송합니다, 미안합니다, 실례했습니다 등 (진심이 담긴 사과의 말)
외출·출장 갈 때	다녀오겠습니다.
출장에서 돌아오면	김 대리님, 수고했어요, 감사합니다, 염려해 주셔서 쉽게 일을 마쳤습니다(격려의 인사)
휴가 때	• 휴가 전 : 잘 부탁합니다. • 휴가가 끝났을 때 : 대단히 감사합니다.
결근, 지각 때	늦어서 죄송합니다(사과의 인사)
통화 중일 때	통화 중에 상사가 출근할 때는 가볍게 목례한다.
퇴근할 때	• 퇴근 시간이 되면 아무 말 없이 퇴근하지 않도록 한다. • 다른 사람보다 먼저 갈 때는 먼저 실례합니다, 먼저 가겠습니다.
참 고	• 직장상사에게 '수고하십시오'라는 말은 적합하지 않다. • 화장실에서 만났을 때는 안 해도 된다.

참고로 손님을 안내할 때 적절한 말을 살펴보면 다음과 같다.

손님을 응접실이나 어떤 장소로 안내할 때에는 "이쪽으로 오십시오"라고 말을 하고 비스듬히 비껴서 반걸음 앞서서 걸어가는 것이 바람직하다. 밖으로 여는 문일 때는 문을 조용히 잡아당겨 열며 "안으로 드세요" 하며 목례한다. 안으로 여는 문일 때는 직원이 먼저 들어가는 문을 잡고 "들어오세요" 하고 목례한다. 자기가 접대하는 경우가 아니면 "잠깐만 기다려 주십시오" 하고 의자를 권하면서 정중히 인사한다.

비즈니스로 상대 업체의 사무실을 방문한 후 나올 때에는 정중히 인사를 한 후 나오도록 한다. 헤어질 때에도 "귀한 시간 내어주셔서 감사합니다"라는 마음의 표현을 전달하는 것이 성공적인 비즈니스를 위한 방문 예절로 바람직하다.

학습내용 요약

1. 회의기술
   1) 말은 적게 할수록 좋다.
   2) 준비 없는 발언은 하지 않는 것이 낫다.
   3) 집중해서 잘 들어야 한다.
   4) 회의에 참석하는 사람 모두 알 수 있게 말한다.
   5) 한심한 의견이라도 남을 비하하는 것은 잘못이다.

2. 보고

   직장에서 제일 많이 사용되는 기본적인 의사소통 유형이 보고이다. 직장에서의 업무 평가는 직급을 막론하고 직장인의 말과 글을 통해서 평가를 받는다. 보고는 대면 보고와 비대면 보고가 있다.

3. 행사

   예상치 못한 상황에서 행사 도중에 즉석에서 말할 경우나 행사 시나리오를 준비해서 진행자로서 말할 때 모두 미리 연습을 하는 것이 바람직하다.

4. 전화통화

   전화통화 시 상대를 기분 좋게 하는 쿠션의 언어 활용, 부정형에서 긍정형으로 전환하기, 명령형을 청유형으로, 좀 더 정중한 표현, 상황에 맞게 응대하기의 스피치 기술을 활용하여 바른 전화통화를 하는 것이 좋다.

5. 인사말

   공적인 업무 상황에 맞는 예의에 맞는 대화뿐만 아니라 결혼식장, 장례식장 등 상황과 장소에 맞는 인사말을 해야 한다.

09 CHAPTER
프레젠테이션과 면접

많은 사람들 앞에서의 프레젠테이션은 전달하고자 하는 내용을 효과적으로 전달해 주는 문서작성능력과 발표내용의 충분한 이해와 함께 이를 잘 전달할 수 있는 언어적·비언어적 의사표현능력, 경청능력이 뒷받침되는 의사소통능력에 따라 성공 여부가 달라진다.

채용환경이 변화함에 따라 면접의 비중은 점차 높아지고 있다. 면접은 필기시험이나 서류심사가 끝난 후 최종적으로 지원자의 인품, 언행, 지식의 정도 등을 파악하는 구술시험으로 볼 수 있다. 취업준비생이 면접을 잘 준비하고, 대처하는지에 따라 취업의 당락이 결정된다.

HAPTER 09

프레젠테이션과 면접

학습내용

제1절 프레젠테이션

제2절 면접

학습목표

1. 프레젠테이션의 개념 및 중요성을 설명할 수 있다.
2. 프레젠테이션 향상을 위한 방법을 선택할 수 있다.
3. 면접 향상을 위한 방법을 선택하여 적용할 수 있다.

주요 용어

프레젠테이션, 면접

1. 프레젠테이션

프레젠테이션은 많은 사람들 앞에서 하는 발표이기 때문에 조직에서 당신의 평가가 정해질 수 있다. 조직 내의 상호 의사소통이 중요해지고 있는 요즘 프레젠테이션의 중요성은 점점 커지고 있다.

프레젠테이션은 발표, 제출, 표현이라는 사전적 의미에서도 알 수 있듯이 발표하는 행위로서 의사소통의 한 방법이다. 프레젠테이션은 빔프로젝터를 이용해서 스크린에 PT 혹은 PPT 자료를 띄워놓고 설명하는 것이 일반적이다. 화면에 담을 자료를 만들고 말로 발표도 해야 한다. 소통의 핵심은 상대방이 이해할 수 있도록 표현하는 것이므로, 둘 다 준비해야 설득력 있는 프레젠테이션이 될 수 있다.

단순히 말만 잘한다고 성공적인 프레젠테이션이라고 할 수는 없다. 기본적으로 청중들에게 말로써 의사 전달을 하지만 슬라이드, 차트, 각종 도표, 그림, 사진 등의 시각적인 기술을 사용해 전달하는 것이 효과적인 방법이다. 최고의 프레젠테이션은 발표자와 발표자가 말하고자 하는 내용에 초점을 맞추고, 슬라이드는 보조적 역할을 해야 한다.

설득력 있는 프레젠테이션 기술을 알아두는 것도 중요하지만, 전달하고자 하는 메시지의 내용이 프레젠테이션에서는 더 중요하다. 발표할 요점을 먼저 파악해 두면 좋은 준비를 할 수 있다. 다음의 전략들을 고려하면 프레젠테이션 내용을 효과적으로 전달할 수 있다(우치야마 타츠미, 2004).

첫째, 목적을 명확히 한다 ⇨ '무엇을 위해'
둘째, 주제를 1행으로 써본다 ⇨ '무엇을 어떻게 할 것인가?'
셋째, 프레젠테이션 대상에 대한 분석 ⇨ '누구에게 말하는 것인가?'
넷째, 내용구성 ⇨ '3부 구성' : 서론, 본론, 결론에 의거한 구성의 방법
다섯째, 철저한 준비를 하고 리허설을 해본다.

발표를 열심히 준비한 사람 입장에서는 힘이 빠지는 소리이지만 한 번씩은 "그림은 좋은데 내용이 없어", "화면이 너무 길고 포인트가 뭔지를 모르겠어"라는 말을 들어본 경험이 있을 것이다. 보고 듣는 입장에서도 작은 글씨로 가득한 프레젠테이션을 본 후에 "이럴 바에는 차라리 한글문서로 만든 보고서나 그냥 제출하지, 뭐하러 발표한다고 했는지?"라고 중얼거린 경험이 있을 것이다. 프레젠테이션 이후에 언짢거나 귀중한 시간을 뺏겼다고 투덜대기도 했을 것이다. 다음은 프레젠테이션을 하기 전의 슬라이드를 준비할 때 고려사항이다.

Plus Point 슬라이드를 준비할 때 고려사항

1. 유용한 정보만 넣는다.
2. 짧고 간단하게
3. 주장을 뒷받침할 수 있는 수치로 나타내거나 증명 가능한 사실을 넣는다.
4. 그래픽은 단순하게
5. 중간 색조의 단색의 배경으로, 화려한 배경은 금물
6. 글자는 읽기 쉽게
7. 청중에 맞춘 내용

출처 : 제임스 제프리(2014), pp. 203-204.

이와 같이 프레젠테이션을 할 때에는 무엇을 말할지, 그 말을 전달하는 방법도 중요하고, 그것을 어떻게 보여줄지에 관해서도 종합적으로 고려해야 한다. 프레젠테이션을 잘하는 사람은 처음부터 잘하는 것이 아니다. 실전에 들어가기 전에 몇 번이고 리허설을 실시해서 반복연습을 하는 것이 필요하다.

1) 프레젠테이션을 하기 전

다음과 같은 사전 체크리스트(윌리엄 장, 2009)를 통해 프레젠테이션을 더 철저하게 준비할 수 있다.

- 참석자는 누구인가?
- 전체 인원수는 어느 정도인가?
- 참석하는 이유는 무엇인가?
- 당신에게 무엇을 듣고자 하는가?
- 참석자는 당신이 진행하는 분야에 대해 어느 정도 알고 있는가?
- 참석자의 학력수준과 직위는 어느 정도인가?
- 참석자 중에서 핵심인물은 누구인가?
- 강연이나 세미나 등을 진행하기 적합한 장소인가?
- 외부에 방해를 받지 않는 조용한 장소인가?
- 시설이 깨끗하고 청중을 집중시킬 수 있는 분위기인가?
- 각종 장비 및 시설은 동작이 잘 되고, 조작에 문제가 없는가?
- 장비 및 스크린 활용 시 화질은 문제없이 선명하게 잘 보이는가?
- 조명은 적합하며 조절이 가능한가?
- 좌석은 적합하게 배치되어 있는가?

2) 프레젠테이션을 할 때

프레젠테이션을 할 때 지켜야 할 점은 다음과 같다.

- 청중이 볼 만한 발표 자료는 따로 배포한다.
- 일어서서 발표한다.
- 다른 사람이 나를 소개하도록 한다.
- 소요 시간을 엄수한다.
- 자신감 있게 말하면서 청중에게 감동을 주도록 해야 한다.
- 간단명료하게 전달한다.
- 올바른 화법을 구사한다.
- 목소리와 동작에 주의한다.

- 주장을 펼 때마다 청중 중 한 사람을 골라 눈을 맞추고 다른 사람으로 넘어가면서 여러 사람과 시선을 마주친다.

Plus Point 청중들을 어떻게 쳐다볼 것인가?

1. '乙'자로 움직이기
   한 곳을 정해두고 거기서부터 '乙'자를 그리며 시선을 천천히 움직인다.
2. 3등분하여 움직이기
   정면에 있는 청중을 3등분한 후 '왼쪽→오른쪽→가운데' 순서로 시선을 움직인다.
3. 오아시스 기법
   나에게 가장 집중하는 사람을 오아시스(기준점)로 삼는 방법이다. 기준점이 된 사람을 응시하다가 오른쪽으로 움직여서 시선을 돌리고, 다시 오아시스로 돌아오고 반대 방향으로 시선을 움직였다가 다시 돌아오기를 반복한다.

출처 : 이주리(2020). 당당하게 말하지만 상처주지 않는 말의 결, pp. 168-169.

스피치 연습을 위한 좋은 주제들은 다음과 같다.

Plus Point 스피치 연습을 위한 좋은 주제들

1. 성공하는 사람들의 습관
2. 말 잘하는 사람들의 특징
3. 내가 생각하는 행복이란?
4. 신용의 중요성
5. 변화하는 삶
6. 좋은 첫인상을 위한 나만의 비법
7. 내 인생의 희로애락
8. 인생에서 가장 중요한 단어
9. 다른 사람들에게 힘을 줄 수 있는 메시지
10. 이 달 혹은 한 해를 마무리하는 소감

출처 : 우지은(2015). 스피치완성을 위한 3분 스위치, p. 302

3) 발표불안증의 극복

대부분의 사람들은 중요한 프레젠테이션이나 회의, 토론뿐만 아니라 일반적인 스피치 등 의사소통이 이루어지는 모든 상황에서 소통불안을 갖는다. 특히 많은 사람들 앞에서의 발표를 앞두고는 대개 긴장되고 불안하기 마련이다. 부끄럽고 마음이 불편할 수 있다. 그러다보면 말투와 행동도 부자연스러워지고 어색해진다. 자칫하면 입이 얼어붙고 경직되거나 오히려 과장된 행동으로 청중을 불편하게 할 수도 있다.

의사소통능력을 방해하는 가장 큰 원인은 소통불안이다. 스피치를 하는 사람이 무대에 섰을 때 정도의 차이는 있겠지만, 누구나 자신의 스피치가 잘 되어야 한다는 강박관념을 가지기 마련이다. 잘하고 싶은 마음과 의욕이 너무 앞서거나 오히려 자신감이 부족하기 때문에 소통불안이 생긴다.

이러한 소통불안을 없애기 위해서는 우선 타인의 시선에 지나치게 예민하게 반응할 필요가 없다. 그리고 자신의 실제 모습을 그대로 보여주고 표현해야 한다. 발표를 잘하기 위해서는 위축되지 말고 평소대로 자신감 있게 행동하는 것이 중요하다.

소통불안, 특히 발표불안증은 다음과 같은 방법으로 극복할 수 있다.

- 완전무결하게 준비한다.
- 청중 앞에서 말할 기회를 자주 가진다.
- 발표시간보다 더 많이 준비한다.
- 충분히 휴식을 한다.
- 깊게 심호흡을 한다.
- 몸의 긴장을 풀어준다.
- 사전에 듣는 사람에 대해 분석을 한다.
- 발표 내용의 앞부분은 어느 정도 숙지한다.

- 자세한 밑그림을 작성한다.
- 발표내용의 핵심키워드를 가지고 이야기한다.

Plus Point **나의 발표불안증은 어느 정도인가? : 메크로스키가 만든 발표불안증 척도**

1. 나는 일반적으로 그룹 토론에 침착하고 느긋하다.
2. 나는 그룹 토론에 참여하고 싶다.
3. 그룹 토론에 참여하는 동안 나는 침착하고 느긋하다.
4. 나는 회의에 참여하는 동안 보통 침착하고 느긋하다.
5. 나는 회의에서 견해를 피력해 보라는 요청을 받을 때 침착하고 느긋하다.
6. 나는 회의에서 질문에 답할 때 매우 느긋하다.
7. 나는 대화하는 동안, 나서서 말하는 것을 두려워하지 않는다.
8. 나는 보통 대화하는 동안, 아주 침착하고 느긋하다.
9. 나는 새로 알게 된 사람과 대화하는 동안 매우 느긋하다.
10. 나는 스피치하는 것에 대한 두려움이 없다.
11. 나는 스피치하는 동안 느긋하다.
12. 나는 스피치해야 할 경우가 생기면 자신을 가지고 대처해 나간다.

* 점수 : 전혀 그렇지 않다(1점), 거의 그렇지 않다(2점), 보통이다(3점), 자주 그렇다(4점), 거의 항상 그렇다(5점).
* 각 항목을 5단계 척도로 체크했을 때 총점 60점에서 아나운서의 경우는 평균 40점이다. 발제와 발표를 자주하는 대학생의 경우는 평균 35점이다. 자신의 점수를 한번 확인해 보자.

▸ 40점 이상 : 의사소통에 문제가 없다.
▸ 35~39점 : 의사소통에 약간의 문제는 있으나 걱정할 필요는 없다.
▸ 25~34점 : 의사소통에 문제가 있으므로 훈련이 필요한 상태이다.
▸ 24점 이하 : 의사소통에 심각한 문제가 있는 상태로 체계적인 훈련이 시급하다.

출처 : 윤치영(2013). 마음을 움직이는 따뜻한 대화법, pp. 142-143.

2. 면 접

채용환경이 변화함에 따라 면접의 비중은 점차 높아지고 있다. 면접은 필기시험이나 서류심사가 끝난 후 최종적으로 지원자의 인품, 언행, 지식의 정도 등을 파악하는 구술시험으로 볼 수 있다. 일반적으로 회사에서는 지원자를 직접 만나는 면접에서 지원자의 인성과 성장 배경, 해당 직무에 적합한지 등을 종합적으로 평가해서 필요한 인재로 여겨지면 선발한다. 취업을 앞둔 취업준비생이 얼마나 면접을 잘 준비하고, 대처하는지에 따라 취업의 당락이 결정된다.

1) 면접의 평가기준

다음은 면접에서 공통적으로 평가하는 항목이다.

(1) 외모

좋은 인상과 호감을 주기 위해서 단정하고 깔끔한 복장과 표정을 보여주어야 한다. 면접관은 자세와 태도, 옷차림, 호감, 건강 상태 등을 본다. 옷은 첫인상에 중요한 영향을 미친다. 면접 복장을 선택할 때에는 최대한 단정한 옷을 고르는 것이 좋다. 베이지색이나 회색 등 겸손하게 보일 수 있는 중간 톤 정도의 정장 옷차림이나 전문성을 보여줄 수 있는 짙은 남색 정장을 선택하여 첫인상을 좋게 보이도록 한다. 여성의 경우는 가볍게 메이크업을 할 필요가 있고, 남성 역시 단정하게 면도하고 깔끔한 이미지를 연출하는 것이 좋다.

(2) 인성

면접 시 이루어지는 질의응답 과정을 통해 지원자의 인성에 대한 평가가 이루어진다. 먼저 응답 과정에서 이해력, 판단력, 표현력, 적극성, 창의성, 성실성을 보고, 답변 과정에서 상식, 지식, 인생관, 사회관, 직업관 등을 평가한다.

(3) 지원 서류

이력서와 자기소개서에 기재된 특기·면허·자격, 성격, 지원 동기와 장래 희망 등을 근거로 평가한다.

2) 면접 유형

(1) 개별면접

일대일 개별면접은 면접관을 상대로 분명하게 답변하는 것이 좋고, 빈도가 높은 질문 유형에 맞추어 답변할 내용을 간단히 미리 정리해 두는 것이 좋다. 복수 면접관 개별면접은 2~3명의 면접관이 앉아 있고 지원자의 좌석은 정면에 배치되어 있다. 지원자는 가운데에 앉아서 집중적으로 질문을 받게 되므로 긴장감이 높고 압박감 역시 높다.

Plus Point 예상 질문과 답변

1. 대학 생활 중 어떤 일에 몰두했습니까?
학과 공부도 열심히 했지만 그에 못지않게 동아리 활동도 열심히 했습니다. 보육원 아이들을 정기적으로 방문하는 동아리였습니다. 제가 그 아이들에게 도움을 주었다기보다는 늘 제가 더 큰 교훈을 얻고 돌아왔습니다.
2. 자신의 장점은 무엇입니까?
모든 일을 원칙적으로 생각하기보다는 감각과 행동으로 이해해가는 성격입니다. 어떤 목적을 달성하기 위해서 끊임없이 자신을 갈고 닦으면서 만족한 결과에 이를 때까지 열중합니다. 항상 진취적이고 창조적인 삶을 살고자 노력하고 있습니다.
3. 자신의 단점은 무엇입니까?
제 단점은 한 가지 일에 지나치게 열중하는 것입니다. 예를 들어, 놀이나 게임을 할 때 놀이일 뿐이란 것을 알면서도 지는 것이 싫어 전력을 다하게 됩니다.
4. 자신을 물건에 비유한다면 무엇이라고 생각하십니까?
제가 지금 신고 있는 신발입니다. 더위나 추위에도 꿈쩍 안고 비와 흙먼지를 막아주며, 또 안에서 비롯되는 압박과 때로는 지독한 발냄새도 잘 참으며 앞을 향해 힘차게 나아갑니다.
5. 야근이 많은 것에 대해서 어떻게 생각하십니까?
하루 8시간으로 끝나지 않는 일도 있다고 생각합니다. 저는 제 능력을 향상시키고 싶기 때문에 야근을 고생이라고 생각하지 않습니다. 야근이 빨리 끝나도록 최선을 다하겠습니다.

출처 : 취업뽀개기 편집위원회(2010). 면접 상식사전, p. 202.

(2) 집단면접

대개 면접관 1명이 응시자 여러 명을 한꺼번에 면접하는 방식으로, 경쟁자들과 함께 상대평가를 받게 된다. 남의 의견을 경청하고 주관을 펼치는 것이 효과적이다. 이 외에도 면접관 여러 명이 위원회면접 방식으로 진행하기도 하는데, 이럴 때는 면접관 전체보다는 질문을 던진 면접관을 쳐다보면서 대답하는 것이 좋다.

(3) 집단토론 면접

5~10명의 지원자가 일정한 주제를 가지고 토론을 진행하고 면접관들이 착석해서 채점을 하는 형식으로, 말을 너무 많이 하거나 시간을 끌면 감점이다.

(4) 프레젠테이션 면접

서류전형에 합격한 지원자에게 사전에 주제를 정해주고 이를 프레젠테이션해서 평가하는 면접방식이다. 발표 내용뿐만 아니라 발표 태도 역시 중요하므로 설득력 있는 태도로 자신감 있게 발표해야 한다.

(5) NCS 면접

NCS가 시행되면서 면접의 유형도 변화를 보이고 있다. NCS는 모든 직종에 종사하는 사람에게 요구되는 지식이나 능력을 국가 차원에서 표준화하여 제시한 것으로, 이 표준을 기반으로 하는 NCS 채용은 구직자의 직업기초능력과 직무수행능력을 평가해 인재를 선발한다.

기존에는 인성과 이력서 중심의 질문이 많았다면 NCS 도입 이후에는 경험과 직무능력 중심의 질문이 많아졌다.

경험면접은 직업기초능력과 관련된 경험을 물어보고 이에 대한 추가 질문을 통해 지원자의 역량을 평가하는 방식이다. 직무수행능력의 평가는 실무상황을 제시한 후 그 상황에 대한 대처능력을 요구한다. 직업기초능력 면접질문의 예시는 다음과 같다(방영황 · 박세용, 2017).

〈표 9-1〉 면접의 유형

면접 유형	질문 예시
경험면접	• 자신의 의견이나 생각을 상대방에게 정확히 전달해 본 적이 있는가? • 대화할 때 상대방의 말의 요점을 정확히 파악하는 편인가? • 생각을 문서로 정리하는 능력은 어느 정도 갖추고 있는가? • 외국어로 의사소통은 어느 정도 가능한가?
상황면접	• 당신은 봉사활동 동아리의 팀장이고, 3박 4일의 프로그램을 기획하려고 한다. 팀원들이 의견을 적극적으로 개진하지 않는다면 어떻게 할 것인가? • 조별 과제에서 발표 자료를 만들어야 하는 팀원이 개인적인 사유로 못하겠다고 한다면 당신은 어떤 행동을 취할 것인가? • 회의 중 팀원에게 해야 할 일을 분명히 전달했는데, 이후 상대방은 처음 듣는 이야기라며 발뺌한다면 어떻게 할 것인가?

3) 실전 면접

(1) 면접을 가기 전

① 제출한 서류(이력서, 자기소개서)의 내용을 확인한다.

② 지원 회사에 대한 사전 정보와 자료를 최종적으로 점검한다.

- 회사의 연혁
- 회사에서 요구하는 인재상
- 회사의 사훈, 경영이념, 창업정신
- 회사의 대표상품, 특색
- 지원자 나름의 회사를 평가할 수 있는 장단점

자신이 지원하고자 하는 기업체에 대해 기본적인 내용을 알아두면 면접 시에 유용하게 쓸 수 있다. 해당 기업의 회사 신문, 잡지, 회사 연감, 인터넷 등을 통해서 얻을 수 있다. 그 회사와 경쟁관계에 있는 기업에 대한 내용도 어느 정도 정리해 두어 타사의 예를 들어가며 비교 설명을 한다면 좋은 인상을 줄 수 있을 것이다.

③ 지원회사의 면접시험 방식 및 자주 질문되는 항목, 중점부분 등을 알아본다.

면접 방식은 개별 면접인지, 집단 면접인지 아니면 집단 토론식 면접인지 그리고 면접관은 어떤 직급의 사람이 몇 명 정도 배석하는지, 면접 시간은 몇 분 정도인지, 또 어떤 질문들이 자주 나오는지 하는 것들을 미리 알아두는 것이 좋다. 정보는 그 기업에 입사한 선배들을 만나 직접 이야기를 듣는 쪽이 바람직하다.

Plus Point 효과적인 면접 전략

- 호감 가는 이미지를 만들어라.
- 두괄식으로 말해라.
- 답변의 시간을 조절하라.
- 첫째, 둘째, 셋째로 말하라.
- 직관적인 답변과 뜸을 들이는 답변을 구분하라.
- YES, BUT 화법을 구사하라.
- 솔직함과 진정성을 구분하라.
- 답변 노트를 만들고, 입으로 외워라.

출처 : 방영황・박세용(2017). How to NCS 자소서 & 면접.

(2) 면접에 들어가서

① 대기실

- 최소한 30분 전에 도착하는 것이 마음을 편안하게 하는 데 도움이 된다.
- 면접 장소에서 누구를 만날지 모르므로, 최대한 침착한 모습을 유지한다.
- 깊게 심호흡을 하고, 좋은 결과가 있을 것이라는 자기 암시를 한다.

Plus Point 면접 전 긴장을 하게 되면 어떻게 해야 할까요?

긴장하는 것은 누구나 마찬가지죠. 무엇보다도 면접 들어가기 전에 심호흡을 크게 세 번 이상 하고 들어가는 것이 어떨까요? 심호흡을 하면 긴장을 해서 숨이 가빠오는 느낌이 가라앉을 수 있거든요. 면접 중에 다른 사람의 말을 들으면서 작게 심호흡을 계속 하는 것도 하나의 방법이 될 수 있어요.

② 호명

- 이름이나 번호를 부르면 문을 열고 가볍게 인사한다.
- 문은 조용히 열고 닫는다.
- 앉으라고 할 때까지 그대로 서 있다가 면접관의 지시에 따라 의자에 앉는다. 여성의 경우 무릎과 다리를 나란히 붙이고 앉고, 남성은 다리를 어깨 넓이로 해서 의자 깊숙이 앉는다.

③ 면접 도중

- 옷매무새를 자꾸 고치거나 머리에 손대지 않는다.
- 면접관을 응시하되 산만하게 시선처리를 하지 말고, 불필요한 행동은 삼가야 한다.
- 면접관의 질문에 긍정적인 반응을 보이면서 자신의 스타일대로 말한다.
- 면접관이 질문을 하자마자 곧바로 답변하기보다는 몇 초라도 간격을 두고 답변을 한다.
- 답변할 때는 질문에 대한 결론부터 먼저 이야기하고 설명과 이유를 덧붙여 이야기한다. 가급적이면 요점만 정리해서 답변한다.
- 중간에 실수가 있더라도 끝까지 포기하지 않고 자신의 장점을 어필한다. 면접 도중에 질문의 대답을 제대로 못했다거나 뜻밖의 실수를 했다고 해서 도중에 면접을 포기해서는 안 된다. 마지막까지 최선을 다해

성의를 보인다.

- 자신에게 유리한 부분은 미리 내용을 연습해서 어필하는 것이 좋다.
- 면접관이 빈정거리거나 말을 하지 않고 침묵을 오랫동안 지키는 압박면접이라고 느껴진다면 조용히 질문하는 대로 대답하고, 끝까지 침착함을 유지하는 것이 좋다. 대답하기가 곤란하거나 짓궂은 질문을 받게 되더라도 상황에 맞게 재치 있게 받아넘겨야 한다. 싫은 표정이나 불쾌한 표정을 드러내서는 안 된다.

Plus Point 면접 당일 예측할 수 없는 질문이 많이 나오는데, 어떻게 대처하는 것이 좋을까요?

예측할 수 없는 질문은 늘 있어요. 그럴 때는 모르면 모른다고 말하고, 더 알아보고 노력하겠다고 솔직한 모습으로 접근하는 제일 좋아요. 만약, 공격적인 질문이 나왔다면 답변을 짧게 하고 그 질문을 피해가는 것이 좋죠. 답변이 길어질수록 실수가 생길 가능성이 높기 때문이죠. 아는 척하는 것이 실수보다 더 안 좋아요.

실전 면접에 강한 면접 질문을 미리 보고, 면접관의 의도를 파악해두면 면접에서 좋은 질문을 얻을 수 있다. 다음의 조언을 보고 면접을 미리 대비하자.

Plus Point 실전 면접

당신은 봉사활동 동아리의 팀장이고, 3박 4일의 프로그램을 기획해야 한다.

Q 1. 팀원들이 적극적으로 의견을 개진하지 않는다면 어떻게 하겠는가?

A 우선 팀원들의 성향을 빨리 파악하도록 하겠습니다. 그러기 위해 제가 먼저 분위기를 무르익게 한 후, 자신을 소개하는 시간을 갖겠습니다. 이후 서먹한 분위기가 누그러지면 서로 편하게 의견을 제시할 수 있는 분위기를 만들겠습니다.

Q 2. 유독 자신의 의견만 주장하는 팀원이 있다면 어떻게 대처하겠는가?

A 그 팀원을 비난하기만 한다면 오히려 역효과가 일어날 수도 있기 때문에 일단 그 친구의 의견을 최대한 경청하겠습니다. 그리고 적합한 의견에 대해서는 동조함으로써

자존심을 살려주겠습니다. 그렇게 동질감을 느낄 수 있도록 한 후, 팀원 모두가 원하는 방향도 같은 맥락이라는 점을 부각하여 고집을 부리지 못하도록 하겠습니다.

Q 3. 위의 결론을 근거로 하여 자신의 의사소통에 점수를 매긴다면 몇 점을 주겠는가?

A 저는 95점을 주고 싶습니다. 왜냐하면 적극적이지만 고집스러운 팀원을 진심으로 이해하려고 했고, 나머지 팀원들의 이야기를 종합하여 프로그램 기획을 마치려고 노력했기 때문입니다.

출처 : 방영황・박세용(2017). How To NCS 자소서 & 면접, p. 224.

(3) 면접을 마치고

면접을 마치면 면접관들에게 공손히 인사를 하고 나온다.

학습내용 요약

1. 프레젠테이션은 많은 사람들 앞에서 하는 발표이기 때문에 회사에서 당신의 평가가 정해질 수 있다. 프레젠테이션을 잘하는 사람은 처음부터 잘하는 것이 아니다. 실전에 들어가기 전에 몇 번이고 리허설을 실시하여 반복연습을 해야 한다.

2. 효과적인 면접 전략
   - 호감가는 이미지를 만들어라.
   - 두괄식으로 말해라.
   - 답변의 시간을 조절하라.
   - 첫째, 둘째, 셋째로 말하라.
   - 직관적인 답변과 뜸을 들이는 답변을 구분하라.
   - YES, BUT 화법을 구사하라.
   - 솔직함과 진정성을 구분하라.
   - 답변 노트를 만들고, 입으로 외워라.

10 CHAPTER 기초외국어능력

대부분의 사람들은 기초외국어능력이 아주 어려운 것이며 유창하게 구사할 수 있어야 하는 것처럼 생각한다. 기초외국어능력은 직장생활에 있어서 외국어로 된 간단한 자료를 이해하거나, 외국인과의 간단한 의사표현을 이해하는 능력을 의미한다. 오늘날 전 세계는 급속도로 개방화, 정보화가 이루어지고 있고 다른 나라 사람들과 함께 직장에서 일하는 경우가 많아지고 있다. 따라서 세계화시대에 걸맞은 직업인이 되기 위해서 기초외국어능력은 점점 더 중요해질 수밖에 없다.

CHAPTER 10

기초외국어능력

학습내용

제1절 기초외국어능력의 이해

제2절 외국인과의 비언어적 의사소통

제3절 외국인과의 의사소통에서 피해야 할 행동

제4절 기초외국어능력 향상을 위한 방법

학습목표

1. 기초외국어능력의 개념 및 필요성을 설명할 수 있다.
2. 기초외국어능력이 필요한 상황과 종류를 설명할 수 있다.
3. 비언어적 표현방법의 유형과 효과를 설명할 수 있다.
4. 기초외국어능력 향상을 위한 교육방법을 선택할 수 있다.

주요 용어

기초외국어능력, 외국인과의 비언어적 의사소통, 기초외국어능력 향상방법

1. 기초외국어능력의 이해

1) 기초외국어능력의 개념

국제화·세계화 시대에 맞추어 다른 나라 사람과 함께 일을 해야 하는 경우가 많아지고 있으며, 그에 따라 외국인과의 의사소통능력의 중요성은 점점 커지고 있다. 기초외국어능력은 외국인들과의 유창한 의사소통을 뜻하는 것은 아니다. 직장인의 의사소통능력으로서의 기초외국어능력은 상대방의 말을 잘 듣고, 상대방이 원하는 바를 잘 이해하거나, 외국어로 된 문서를 이해할 수 있는 능력을 의미하는 것이다. 즉, 직업생활 중에 필요한 문서이해나 문서작성, 의사표현, 경청 등 기초적인 의사소통을 기초적인 외국어로서 가능하게 하는 능력을 말한다.

국제화시대가 가속화되고 다양한 상황의 직업현장에서 기초외국어능력의 필요성이 증가하고 있다. 외국어로 된 메일을 받고 이를 해결해야 할 때, 외국인과의 전화 응대, 외국어로 된 업무 관련 자료의 이해, 외국인 고객의 상대 등 다양한 상황에서 기초외국어능력이 필요하다. 하지만 기초외국어능력은 외국인들과의 업무가 잦은 특정 직업인의 경우에만 필요한 것은 아니다. 우리의 주변을 둘러보면 흔히 컴퓨터에서부터 공장의 기계 사용, 외국산 제품의 사용법을 확인해야 하는 경우에 이르기까지 설명서 등이 외국어로 작성되어 있는 것이 많고, 이때 기초외국어를 모르면 불편한 경우가 많기 때문에 기초외국어능력의 중요성이 있다. 외국어라고 해서 영어만 중요한 것은 아니다. 자신의 분야에서 주로 상대해야 하는 외국인 고객이나 외국회사에 따라 요구되는 언어는 다양하다. 무엇보다 중요한 것은 자신에게 기초외국어능력이 언제 필요한지 잘 숙지하고, 그에 대비하여 자신의 업무에서 필요한 기초외국어를 적절하게 구사하는 것이다.

2) 직장인에게 필요한 기초외국어능력

직장인에게 필요한 기초외국어능력은 다음과 같다(한국산업인력공단, 2016b).

첫째, 국제화, 세계화 시대를 살아가는 직장인에게 요구되는 의사소통능력으로서의 기초외국어능력은 직업생활 중에 필요한 문서이해나 문서작성, 의사표현, 경청 등 기초적인 의사소통을 기초적인 외국어로서 가능하게 하는 능력을 말한다.

둘째, 직장생활 속에서 컴퓨터의 사용이나, 공장의 기계의 간단한 외국어 표시 등을 이해하는 것을 포함한다.

3) 기초외국어능력을 접할 때의 마음가짐

(1) 상대방과 목적을 공유하라

자신이 전달하고 싶은 것을 생각하고, 이를 기초외국어로 표현하는 것이 중요하다. 현재 자신이 맡고 있는 업무에서 기본적인 의사소통, 예를 들어 고객의 전화응대나 안내, 메일 작성이나 다양한 문서작성 과정에서 기초외국어를 통해 의사소통을 하는 것이 가장 중요한 점이다.

(2) 외국어를 너무 어렵게만 생각하지 마라

외국인과의 의사소통이라고 하여 독특한 그들만의 방식이 있는 것은 아니며, 우리가 흔히 하는 의사소통을 다만 외국어로 하는 것이다. 직장인들은 기초외국어조차 하기 어렵다고 자신을 책망하기보다는 조금이나마 자신이 아는 것을 자신 있게 표현하여 외국인들과 즐거운 의사소통을 하는 것이 중요하다.

(3) 자신을 극복하라

외국어에 대한 자신감이 부족한 사람들이 가지는 특징은 외국어를 잘 못한다는 지나친 의식, 불명확한 의사표현, 의견정리의 어려움, 표현력의 저하 등이다. 그러므로 이러한 마음상태를 극복하고, 자신만의 기초외국어로의 의사소통 방법을 만들어 나가는 것도 기초외국어능력을 높이는 좋은 방법이라 할 수 있다.

2. 외국인과의 비언어적 의사소통

외국인과의 언어적인 의사소통은 의사를 전달할 때 외국어를 사용하는 것이며, 이것은 외국어 사용능력에 따라 의사소통의 편의성이 크게 좌우된다. 그러나 비록 기초외국어능력이 부족하다 하더라도 원활하게 업무를 추진할 수 있는 경우가 많은데, 이는 비언어적 의사소통의 특징을 재빨리 파악하면 훨씬 수월하다. 아무리 외국어를 유창하게 하더라도 외국인이 몸짓과 표정을 통해 무의식적으로 기분과 느낌을 표현하는 것을 알아채지 못한다면 의사소통이 원만히 이루어지지 않을 수도 있다. 따라서 직장생활에서 외국인과 성공적인 협력을 위해서는 기초외국어능력을 키우는 것뿐만 아니라 그들의 무의식적인 바디랭귀지를 포함한 그들만의 표현방식을 이해하는 능력을 키우는 것도 중요하다.

1) 표정으로 알아채기

외국인과 대화할 때 그들의 감정이나 생각을 가장 쉽게 알 수 있는 것이 얼굴 표정이다. 웃는 표정은 행복과 만족, 친절을 표현하는 데 비해서 눈살을

찌푸리는 표정은 불만족과 불쾌를 나타낸다. 또한 눈을 마주 쳐다보는 것은 흥미와 관심이 있음을, 그리고 그렇게 하지 않음은 무관심하다는 것을 의미한다.

2) 음성으로 알아채기

거리상 멀리 떨어져 있는 외국회사의 담당자들과는 직접 마주 보고 대화하는 경우보다는 서면이나 전화로 업무를 하는 경우가 많다. 전화를 통해서는 서면으로 의사소통하는 것과는 달리 상대방의 목소리나 어조, 크기, 음속 등이 의사소통의 수단이 되기도 한다.

〈표 10-1〉 **음성에 따른 감정표현**

구 분	내 용
어 조	• 높은 어조 : 적대감이나 대립감 • 낮은 어조 : 만족이나 안심
목소리 크기	• 큰 목소리 : 내용 강조, 흥분, 불만족 • 작은 목소리 : 자신감 결여
말의 속도	• 빠른 속도 : 공포나 노여움 • 느린 속도 : 긴장 또는 저항

3) 글로벌 인사법

나라별로 문화와 예절이 다른 것처럼, 가볍게 악수하는 것부터 신기한 방법으로 인사하는 나라까지 다양한 인사방법이 있다. 세계에는 수많은 다양한 언어가 있지만, 인사는 어느 나라든지 상대방에게 신뢰감과 친밀도를 높여줄 수 있다. 세계 여러 나라의 인사법을 알아보자.

인사의 종류	인사방법
악 수	• 미국 : 손을 힘 있게 잡고 두 세 번 흔든다. • 독일 : 언제나 강하고 짧게 흔든다.
인 사	• 미얀마 : 팔짱을 끼고 나서 윗사람에게 고개를 숙여 인사한다.
포 옹	• 몽골 : 서로 안아준 채로 서로 간의 체취를 느낀다.
입맞춤	• 이탈리아, 스페인 : 가볍게 포옹을 하며 가볍게 양쪽 빰에 입을 맞춘다.
기 타	• 싱가포르 : 한 손을 펴서 서로의 손에 가볍게 댄 후 그 손을 가슴 위에 올려 놓는다. • 인도 : 두 손을 기도하듯이 가슴에 모으고 '나마스떼' 하면서 인사한다. • 태국, 캄보디아 : 두 손을 모아 '싸와디캅', '사와디카' 하면서 인사한다. • 티벳 : 귀를 잡아당기고 혀를 내미는 행동을 한다. • 뉴질랜드 마오리족 : 코를 서로 두 번씩 비벼준다. • 아프리카의 마사이 한 부족 : 침을 뱉는다.

3. 외국인과의 의사소통에서 피해야 할 행동

외국인과의 의사소통에서 피해야 할 행동은 다음과 같다(한국산업인력공단, 2016b).

첫째, 상대를 볼 때 흘겨보거나, 아예 보지 않는 행동
둘째, 팔이나 다리를 꼬는 행동
셋째, 표정 없이 말하는 것
넷째, 대화에 집중하지 않고 다리를 흔들거나 펜을 돌리는 행동
다섯째, 맞장구를 치지 않거나, 고개를 끄덕이지 않는 것
여섯째, 자료만 보는 행동
일곱째, 바르지 못한 자세로 앉는 행동
여덟째, 한숨, 하품을 하는 것
아홉째, 다른 일을 하면서 듣는 것

열째, 상대방에게 이름이나 호칭을 어떻게 할지 먼저 묻지 않고 마음대로 부르기

4. 기초외국어능력 향상을 위한 방법

기초외국어능력은 하루아침에 길러지는 것이 아니므로, 매일 규칙적으로 실행하여 축적해 나가면 어느새 향상된 외국어 실력을 발견할 수 있다. 바쁜 업무에 시달리는 직업인들은 외국어공부를 위한 시간을 갖기 어렵다. 하지만 많은 노력을 들이지 않고도 외국어공부를 할 수 있는 효율적인 방법이 있다.

다음은 기초외국어능력 향상을 위한 방법이다(한국산업인력공단, 2016b).

첫째, 왜 외국어공부를 해야 하는지 그 목적부터 정하라.
둘째, 매일 30분씩 눈과 손과 입에 밸 정도로 반복하여 공부하자.
셋째, 실수를 두려워하지 말고, 기회가 있을 때마다 외국어로 말하라.
넷째, 외국어와 익숙해질 수 있도록 쉬운 외국어 잡지나 원서를 읽자.
다섯째, 혼자 공부하는 것보다는 라이벌을 정하고 공부하라.
여섯째, 업무와 관련된 외국어 주요 용어는 꼭 메모해 두자.
일곱째, 출퇴근 시간에 짬짬이 외국어방송을 보거나, 라디오를 들어라.
여덟째, 외국어 단어를 암기할 때 그림카드를 사용해 보라.
아홉째, 가능하면 외국인 친구를 많이 사귈 수 있는 기회를 만들어 대화를 자주 나눠보라.

학습내용 요약

1. 기초외국어능력이란 직업생활에 있어 우리의 무대가 세계로 넓어지면서 우리만의 언어가 아닌 세계의 언어로 의사소통을 가능하게 하는 능력을 말한다.
기초외국어능력은 외국어로 된 간단한 자료를 이해하거나, 외국인과의 전화응대와 간단한 대화 등 외국인의 의사표현을 이해하고, 자신의 의사를 기초외국어로서 표현할 수 있는 능력이다.

2. 외국인이라고 해서 그들과의 의사소통에 특별한 방법이 있을 것이라고 생각하지 말고, 그들도 우리와 똑같은 업무를 보지만 사용하는 언어가 우리와 다르다고 생각하면 외국어로 의사소통하는 일이 그리 어렵지만도 않다고 느낄 것이다. 무엇보다 중요한 것은 자신이 왜 의사소통을 하려고 하는지 상대방과 목적을 공유하는 것이다. 그러기 위해서는 자신이 전달하고 싶은 것을 먼저 생각하는 사고력이 필요하고, 생각한 내용을 어떤 형태로 표현할 것인가를 결정하는 표현력이 중요하다.

3. 아무리 외국어를 유창하게 하더라도 외국인이 몸짓과 표정, 무의식적인 행동으로 자신의 기분과 느낌을 표현하는 것을 알아채지 못한다면 서로 의사소통이 원만히 이루어지지 않을 수도 있다. 따라서 직업생활에서 외국인과의 성공적인 협력을 위해서는 기초외국어능력을 키우는 것뿐만 아니라 그들의 무의식적인 바디랭귀지를 포함하여 문화적 배경에 입각한 이해능력을 키우는 것도 중요하다.

4. 직업생활에서 요구되는 기초외국어능력은 그리 거창하지 않아도 된다. 기초외국어능력 향상을 위해서 가장 중요한 점은 기초외국어능력은 하루아침에 길러지는 것이 아니므로, 매일 규칙적으로 실행해서 축적해 나가며, 다른 나라와 문화에 대해 적극적으로 관심을 가지고 새로운 것을 받아들일 때 즐거운 마음을 가지는 것이다.

의사소통 향상을 위한 '나' 돌아보기

11
CHAPTER

상대방과의 효과적인 의사소통을 하기 위한 첫 출발은 자기 자신에 대한 올바른 이해에서 시작한다. 자기를 이해하는 것은 자신이 처해 있는 현실을 그대로 수용하고 자신의 태도, 행동 등에 관하여 현실적으로 이해하는 것을 뜻한다. 자기 자신을 있는 그대로 인정하고 받아들이는 여유를 갖는 사람은 다른 사람을 이해하고 수용할 수 있다. 타인과의 갈등을 피하고 효과적인 의사소통을 위해서는 자기 자신을 왜곡하지 않고, 있는 그대로의 자신을 진지하게 탐색하고 이해하는 과정이 필요하다.

11 HAPTER 의사소통 향상을 위한 '나' 돌아보기

학습내용

제1절 나는 누구인가?

제2절 문장완성검사

제3절 자서전 쓰기

학습목표

1. 자기이해를 할 수 있다.
2. 문장완성검사를 통해 나를 평가할 수 있다.
3. 나의 자서전을 써볼 수 있다.

주요 용어

자기이해, 문장완성검사, 자서전

1. 나는 누구인가?

실제로 나는 나를 얼마나 알고 있는가?

나를 안다는 것은 내가 누구인지를 설명하는 것뿐만 아니라 상대방과의 효과적인 의사소통을 하기 위한 첫 출발이다. '너 자신을 알라'는 소크라테스의 명언이 아니더라도 스스로를 이해하는 것은 타인과의 관계를 맺거나 효율적인 의사소통의 바탕이 될 수 있다. 의사소통에서 가장 중요한 것은 자신과 타인의 행동 스타일이나 의사소통 유형을 이해하고 차이를 인식하는 것이다.

올바른 의사소통을 하기 위해서는 먼저 내면에 잠재되어 있는 나를 알아보는 것이 좋다. 다양한 상황에서 어떻게 생각하고 행동하는 것을 아는 것은 나를 판단하는 데 도움이 된다. 더 나아가 자신을 파악하는 능력은 타인과의 관계에서 발생할 수 있는 갈등의 원인을 알고 이를 해결할 수 있는 역량을 갖추는 것과 같다.

이처럼 '나는 누구인가?'라는 질문을 던지는 목적은 자신이 가지고 있는 능력, 생각, 가치관, 태도를 알아보는 것이다. 자신을 누구 또는 어떤 사람이라고 개념화하는 것은 그 사람의 행동과 말에 크게 영향을 미치기 때문이다.

우리는 자신에 대해 잘 알고 있다고 하지만 사실상 그렇지 못한 경우가 많다. 이제부터 우리 자신에 대해 한번 알아보자. 자기 자신에 대해 얼마나 알고 있는지 확인해 보기 위해 먼저 자신을 소개해 보자. 구체적인 문항들을 통해 자신의 모습을 구체화시켜 보자. '나는 나를 얼마나 알고 있는가?'

나의 취미는	
나의 꿈	
제일 좋아하는 일	
가장 큰 성공경험과 실패경험	
죽기 전에 하고 싶은 일	

나는 누구인가?

Q. 나는 나를 얼마나 아는가?

A. ______________________________

____

____

____

> 사람은 자기 자신을 알아야 한다. 그것이 진리를 밝히는 데 도움이 되지는 않을지라도 생활의 질서를 세우는 데 도움이 될 것이다. 그리고 이보다 더 당연한 일은 없다.
>
> \- 팡세 -

Q. 내가 어떤 사람인가를 표현한다면?

A. ______________________________

____

____

____

2. 문장완성검사

사람들은 살아가면서 수많은 타인과 관계를 맺고 의사소통을 하게 된다. 사람들을 만나고 상황에 맞게 자신을 소개하는 일을 반복적으로 해나가면서 살아간다. 처음 만나서 자신을 소개하기도 하고 여러 장소에서 자신을 소개하기도 한다. 그러나 자기 자신을 소개하기는 생각보다 어렵다. 나를 한 문장으로 소개해 달라고 했을 때 나는 자신이 누구인지 설명할 수 있는가?

다음 활동을 통해 나를 얼마나 아는지 파악해 보자.

현재의 나의 모습 20가지 이상을 적어 보자. 주어진 시간은 10분이다. 문장은 '나는'이라는 말로 시작한다. 처음에는 5개 적는 것도 힘들 수 있다. 생각나는 대로 하나하나 적어가다 보면 자신에 대한 여러 가지 모습들이 나오게 된다. 예를 들어, '나는 대학생이다', '나는 성격이 쾌활하다'와 같이 적으면 된다. 자신의 긍정적이거나 부정적인 모습 모두를 적으면 된다.

다음의 문장식 검사는 우리가 자신을 어떻게 생각하고 있는지를 간단히 파악해 보는 자기개념 관련 검사이다(최애경 · 송연숙, 2018).

나를 소개하는 문장 20개 만들기

"나는 ··············이다"라는 말을 듣고 생각나는 대로 20개의 문장을 만들어 보자.

나는 ______________________이다. 나는 ______________________이다.

나는 ______________________이다. 나는 ______________________이다.

나는 ______________________이다. 나는 ______________________이다.

나는 ______________________이다. 나는 ______________________이다.

나는 ______________________이다. 나는 ______________________이다.

나는 ______________________이다. 나는 ______________________이다.

나는 ______________________이다. 나는 ______________________이다.

나는 ______________________이다. 나는 ______________________이다.

나는 ______________________이다. 나는 ______________________이다.

나는 ______________________이다. 나는 ______________________이다.

										주관/ 객관적
										1~4번

										주관/ 객관적
										1~4번

✂ ....

❖ 분석준거 : 주관적, 객관적 / 1-사회, 2-학업, 3-정서, 4-신체

출처 : 이희정 역(2010). 심리학노트에 나를 쓰다.

다 적고 나면 적혀진 내용을 바탕으로 '나'를 더 세심하게 분석해 보고 이제 써놓은 문장을 분석해 보자. 먼저 쓰여진 문장의 내용을 검토해서 문장 내용이 주관적인지, 객관적인지 알아보자. 예를 들어, '나는 대학생이다', '나는 키가 164cm이다' 등의 객관적 사실을 말하고 있는지, '나는 내성적인 편이다', '나는 쾌활한 성격이다' 등 주관적인 사실을 언급하고 있는지 살펴보자. 그동안의 통계를 보면, 1~10번까지는 형식적 자신, 11~15번까지는 주관적 자신, 16~20번까지는 무의식적 욕구나 고민에 대한 내용이 나타난다고 한다(이해선 · 김은미, 2014). 객관적 사실을 언급하고 있는 빈도가 높을수록 자신을 객관적으로 파악하려고 하는 사람임을 나타낸다.

이제 두 번째로 문장 내용을 통해 여러분 자신이 현재 관심을 쏟고 의식하고 있는 것의 우선순위를 살펴보도록 하자(최애경 · 송연숙, 2018). 자신의 신체나 외모에 관한 것인지, 아니면 가족과 관련된 내용인지, 혹은 현재 하고 있는 일이

나 직장, 학업에 관한 것인지 문장 내용을 네 가지–사회, 학업, 정서, 신체로 분류해 보자. 자신의 현재 관심사는 무엇이며 어떤 일을 원하는지 재발견할 수 있을 것이다. 성적이나 진로, 성취 등에 관한 것은 학업적 자아개념, 친구, 애인, 가족, 동료 등 관계에 관한 것은 사회적 자아개념이라 한다. 기분, 분위기, 정서 및 감정 등에 관한 것은 정서적 자아개념, 신체, 외모, 운동기능, 체질 등에 관한 내용은 신체적 자아개념이다.

3. 자서전 쓰기

1) 자서전 쓰기의 개념과 가치

자서전은 자신의 이야기를 글로 표현하면서 자기 자신을 파악할 수 있다. 자서전 쓰기는 자신의 이야기를 직접 기술하면서 지나온 과거의 삶과 경험을 되돌아보고, 현재의 시간을 의미 있게 고려하고 미래의 삶을 긍정적으로 기획할 수 있다. 자서전 쓰기는 자아탐색과 반성적 성찰을 통해 자신의 이야기를 풀어낼 수 있기 때문에 자아탐색, 그리고 긍정적인 자아의 형성에 의미가 있다.

자서전은 일기처럼 자신이 겪은 일들 위주로 서술하는 형식에서 공통점을 갖지만 분명한 차이점이 있다. 자서전은 한 인간의 일대기를 다루고 있는 반면에, 일기는 단편적인 사건이나 경험을 한정된 시간 내에 적으면서 하루를 돌아보고 반성한다.

자서전 쓰기는 내 과거 삶의 경험을 성찰하고, 그 과거의 삶과 경험을 현재의 나와 연계하여, 현재의 나에 대한 성찰과 미래 삶의 목표를 세워 준비할 수 있도록 자신의 자아를 찾고 미래 인생을 계획할 수 있는 교육적 가치를 가진다. 자서전 쓰기의 목적은 자신의 삶을 성찰하고 다른 사람과 의미 있는 삶의 일부분을 공유하는 것으로, 자기를 글로 표현하는 활동을 통해 자기 이해와 자아정체감을 형성할 수 있다.

2) 자서전 쓰기의 실제

"어떻게 자서전을 써야 할까?", "내 인생을 이야기로 표현한다면 어떨까?" 막상 자서전을 쓰려고 생각하면 앞이 막막하고 "내가 유명인도 아닌데"라는 자괴감부터 앞선다. 그러나 제3자의 입장에서 객관적으로 자신을 관찰하면 모든 사람의 인생에는 다른 사람들과 나눌만한 멋진 이야기가 존재한다.

실제 자서전을 쓰는 법은 대략 두 가지로 정리할 수 있다. 태어나서 지금까지 연대기 순으로 삶을 정리하여 시간 순에 따라 서술하는 것이고 또 다른 하나는 사건별로 정리하는 것으로, "어린 시절 나의 영웅은 누구였는가?", "나의 생애에서 가장 기억하는 사건이나 상황은 무엇인가?" 등 삶을 돌아보게 하는 자기만의 질문을 따로 만들어 정리하면서 이에 대해 써보는 것도 좋은 방법이다(최애경 · 송연숙, 2018).

(1) 자신의 인생을 시간 순으로 나열해 보자

자신의 인생에 대해 생각해 보자. 인생을 시간순으로 나열해 보면, 중요한 날짜나 사건 같은 것을 빠뜨리지 않고 적을 수 있다. 또한 이야기를 어디에서부터 풀어가야 할지 감을 잡는 데에도 도움이 된다. 이 단계는 브레인스토밍 과정이라고 할 수 있다. 기억할 수 있는 것은 뭐든지 다 적어보자. 자서전은 꼭 태어난 시점부터 적을 필요는 없다.

(2) 내 인생 드라마의 주요 등장인물들을 파악해 보자

자신에게 영향을 주었던 사람들과 자신과 관련된 주위의 사람들을 생각해 보자. 내 인생에서 빼 놓을 수 없는 사람들은 누구인가? 내 삶에 많은 영향을 끼친 부모님이 빠질 수 없을 것이며, 가까운 가족 구성원들도 들어가야 할 것이다. 직계 가족들 외에도 자신의 인생에 큰 영향을 미친 친구, 선생님 주변 사람들을 생각해 보자. 이때 닮고 싶지 않았던 사람들을 떠올려 봐도 이야기를 쓰는 데 도움이 될 것이다.

2002년 월드컵에서 엄청난 활약을 보여준 박지성 선수가 만약 히딩크 감독을 만나지 못했다면, 아마 지금의 박지성 선수는 없었을 것이다. 박지성 선수는 그의 자서전에서 히딩크 감독의 격려와 관심이 자신을 성장시켜 잠재력을 폭발시켰음을 고백하고 있다. 개인의 삶은 긍정적이든 부정적인 경험이든 간에 개인의 정체성을 형성하는 요인임을 알 수 있다.

> 히딩크 감독과의 만남을 뭐라 표현해야 할까. 모든 사람의 인생에는 적어도 인생을 바꿀 만한 기회가 세 번쯤은 온다고 한다. 정말 그렇다면 히딩크 감독과의 만남이 그런 것이 아닐까. 히딩크 감독은 내가 가진 잠재력을 눈에 보이는 기술로 바꿔 놓은 사람, 그토록 꿈꾸던 유럽 무대에 발을 들여놓을 수 있게 이끌어 준 사람이다.

출처 : 박지성(2006). 멈추지 않는 도전.

(3) 큰 사건부터 적어보자

인생 전체를 적으면 너무 길고 지루하다. 먼저 어떤 이야기를 넣을 것인지를 결정해야 한다. 어떤 인생을 살았는지 보여줄 수 있는 큰 사건들부터 나열하면서 글을 적자. 좋은 자서전을 쓰는 비법은 자신의 인생을 문학 작품 속 이야기처럼 다루는 것이다. 자신의 인생 이야기와 관련된 특정한 주제나 내용에 맞게 글을 구성할 수도 있다.

국가대표 수영선수인 박태환 선수는 2004년 아테네 올림픽 수영 경기에서 겪은 부정출발로 인한 실격은 평생 잊지 못할 아픈 기억이라고 말하고, 그의 자서전에서 다음과 같이 말했다.

중학교 3학년 때인 204년에 최연소 올림픽 대표로 뽑혀 태극마크를 달고 아테네 올림픽에 출전했다. 하지만 아테네 올림픽 공식기록은 없다. 실격을 당했기 때문이다. 너무 긴장한 탓에 출발 신호가 울리기도 전에 수영장에 뛰어들었다. 이전에는 한 번까지는 실수를 봐주기도 했었는데, 이때는 이미 한 번만 실수해도 바로 실격이었다. 물속에는 나 혼자였고, 모든 관중이 나만 쳐다보고 있었다. 너무나 창피해서 고개도 못 들고 머리만 긁적이며 선수대기실로 돌아가야 했다. 서울에 돌아와서도 한동안 '샤워만 하고 왔다'고 놀림을 받았다. 한동안 스타트대만 보면 실격의 악몽이 떠올랐다.

출처 : 박태환(2012). 프리스타일 히어로.

(4) 말하듯이 쓰자

친한 친구에게 마음을 털어놓듯이 적어보자. 너무 격식을 차리기보다는 진정성 있게 나의 모습을 보여주는 것이 좋다.

나는 친구가 많지는 않다. 소수의 친구와 어울릴 뿐이다. 하지만 어울리는 친구들은 모두 내게 소중한 존재들이다. 특히 ○○라는 친구가 보여준 우정은 내 인생의 큰 보물이다. 중학교 1학년 때의 일이었다.

(5) 자신을 객관적으로 드러내자

모든 것을 다 보여줄 필요는 없다. 하지만 자신과 자신의 인생에 대해서 진실하게 써야 한다. 부정적인 모습은 다 숨긴 채 이루어 낸 일들만 나열하지는 말자. 장점뿐만 아니라 단점도 같이 적자. 남을 의식하지 말고 정직하게 쓰는 것이 좋다

'피겨 여왕' 김연아 선수는 그녀의 자서전에서 피겨 스케이팅 연습을 하던 사춘기 시절 부상으로 인한 고통과 좌절 속에서 어린 마음에 피겨를 그만두려고 했지만, 그것을 이겨내고 그 힘든 시간을 이겨냈던 과정을 지금의 시각에서

객관적으로 돌아보고, 스스로 의미를 부여하였다.

누구에게나 슬럼프가 있다. 그 시기를 얼마나 잘 보내느냐가 앞으로의 삶을 결정한다고들 한다. 비록 어린 시절 누구나 겪는 '사춘기'라는 장애물이었지만, 내가 이 시기에 정말로 피겨를 그만뒀다면 지금 어떻게 됐을까, 상상이 안 간다.

출처 : 김연아(2010). 김연아의 7분 드라마.

자서전 쓰기는 자신의 정체성의 근원을 찾아보게 함으로써 개인의 신념이나 관점에 대한 이해를 돕고, 나아가 내가 성장해 가는 과정을 이해하게 되면서 바람직한 이미지를 형성하게 하고 자기 자신의 뿌리를 찾고 이것이 내가 종사하는 일에 어떻게 적용되는지를 알아보게 하는 것이라고 할 수 있다(최애경・송연숙, 2018).

이제부터 소중한 나 자신의 이야기를 적어보자.

나의 자서전

학습내용 요약

1. 의사소통 향상을 위한 나 되돌아보기는 타인과의 효과적인 의사소통을 하기 위한 나 자신에 대한 탐색 여정이다. 자기를 이해한다는 것은 자신에 대한 상태, 태도, 인식, 행동 등에 관하여 현실적으로 이해하는 것을 말한다.
   이와 같은 자기 이해는 자신을 왜곡하지 않고 있는 그대로의 자기 경험을 진지하게 탐색하는 과정을 통해 가능해진다.

2. 나 돌아보기 전략
   - 자기 인식에 대해 생각해 보자
   - 자신을 표현하는 문장 20가지를 만들어 보자.
   - 나에 대한 자서전을 글쓰기로 표현해 보자.

자신의 의사소통능력 알아보기 — 사후평가

Outro

Outro : 자신의 의사소통능력 알아보기 — 사후평가

다음은 일반적으로 요구되는 의사소통능력 수준을 스스로 알아볼 수 있는 체크리스트이다. 본인의 평소 행동을 잘 생각해 보고, 행동과 일치하는 것에 체크해 보자. 문서작성은 보고서 작성 및 발표자료(PPT)를 작성하는 능력으로 판단하면 된다.

1. 사후평가 체크리스트

구 분	문 항	매우 미흡	미흡	보통	우수	매우 우수
의사소통 능력	1. 나는 의사소통의 중요성을 설명할 수 있다.	1	2	3	4	5
	2. 나는 의사소통의 능력과 종류를 구분하여 설명할 수 있다.	1	2	3	4	5
	3. 나는 의사소통을 적절히 하여야만 하는 이유를 설명할 수 있다.	1	2	3	4	5
	4. 나는 올바른 의사소통을 저해하는 요인에 대해 설명할 수 있다.	1	2	3	4	5
	5. 나는 올바른 의사소통을 저해하는 요인을 제거하는 방법에 대해 설명할 수 있다.	1	2	3	4	5
	6. 나는 효과적인 의사소통능력을 개발하기 위한 방법을 설명할 수 있다.	1	2	3	4	5

구 분	문 항	매우 미흡	미흡	보통	우수	매우 우수
문서이해 능력	1. 나는 문서가 무엇인지 설명할 수 있다.	1	2	3	4	5
	2. 나는 문서이해의 개념 및 특성에 대하여 설명할 수 있다.	1	2	3	4	5
	3. 나는 문서이해의 중요성에 대하여 설명할 수 있다.	1	2	3	4	5
	4. 나는 문서이해의 구체적인 절차와 원리를 설명할 수 있다.	1	2	3	4	5
	5. 나는 문서를 통한 정보 획득 및 종합 방법을 설명할 수 있다.	1	2	3	4	5
	6. 나는 다양한 문서의 종류를 구분하여 설명할 수 있다.	1	2	3	4	5
	7. 나는 다양한 문서에 따라 각기 다른 이해방법을 알고 있다.	1	2	3	4	5
	8. 나는 문서이해능력을 키우기 위한 방법을 알고 설명할 수 있다.	1	2	3	4	5
문서작성 능력	1. 나는 직업생활에서 필요한 문서가 무엇인지 확인할 수 있다.	1	2	3	4	5
	2. 나는 문서를 작성해야 하는 목적 및 상황을 파악할 수 있다.	1	2	3	4	5
	3. 나는 내가 주로 작성하는 문서가 어떻게 작성되어야 하는지 방법을 설명할 수 있다.	1	2	3	4	5
	4. 나는 문서의 종류에 따라 적절하게 문서를 작성할 수 있다.	1	2	3	4	5
	5. 나는 문서작성에서 시각적인 표현의 필요성을 설명할 수 있다.	1	2	3	4	5
	6. 나는 문서작성에서 시각적인 표현을 효과적으로 사용할 수 있다.	1	2	3	4	5

구 분	문 항	매우 미흡	미흡	보통	우수	매우 우수
경청능력	1. 나는 경청의 개념을 설명할 수 있다.	1	2	3	4	5
	2. 나는 경청의 중요성을 설명할 수 있다.	1	2	3	4	5
	3. 나는 올바른 경청을 방해하는 요인들을 설명할 수 있다.	1	2	3	4	5
	4. 나는 효과적인 경청방법에 대해 설명할 수 있다.	1	2	3	4	5
	5. 나는 경청훈련을 통하여 올바른 경청방법을 실천할 수 있다.	1	2	3	4	5
의사표현 능력	1. 나는 의사표현의 개념을 설명할 수 있다.	1	2	3	4	5
	2. 나는 의사표현의 중요성을 설명할 수 있다.	1	2	3	4	5
	3. 나는 원활한 의사표현을 방해하는 요인들을 설명할 수 있다.	1	2	3	4	5
	4. 나는 효과적인 의사표현법에 대해 설명할 수 있다.	1	2	3	4	5
	5. 나는 설득력 있는 의사표현을 실천할 수 있다.	1	2	3	4	5
기초외국어 능력	1. 나는 직업생활에서 필요한 기초외국어능력이 무엇인지 설명할 수 있다.	1	2	3	4	5
	2. 나는 직업생활에서 기초외국어능력이 왜 필요한지 설명할 수 있다.	1	2	3	4	5
	3. 나는 기초외국어능력이 필요한 상황을 알 수 있다.	1	2	3	4	5
	4. 기초외국어능력으로서 비언어적 의사소통법을 설명할 수 있다.	1	2	3	4	5
	5. 나는 기초외국어능력을 향상시키는 방법을 설명할 수 있다.	1	2	3	4	5

출처 : 한국산업인력공단(2016b). 의사소통능력 학습자용 워크북, pp. 173-174.

2. 평가방법

체크리스트의 문항별로 자신이 체크한 결과를 다음 표를 이용하여 해당하는 개수를 적어보자.

학습모듈	점 수	총 점	총점 / 문항 수
의사소통능력	1점 × (　　)개		총점 / 6 = (　　)
	2점 × (　　)개		
	3점 × (　　)개		
	4점 × (　　)개		
	5점 × (　　)개		
문서이해능력	1점 × (　　)개		총점 / 8 = (　　)
	2점 × (　　)개		
	3점 × (　　)개		
	4점 × (　　)개		
	5점 × (　　)개		
문서작성능력	1점 × (　　)개		총점 / 6 = (　　)
	2점 × (　　)개		
	3점 × (　　)개		
	4점 × (　　)개		
	5점 × (　　)개		
경청능력	1점 × (　　)개		총점 / 5 = (　　)
	2점 × (　　)개		
	3점 × (　　)개		
	4점 × (　　)개		
	5점 × (　　)개		

의사표현능력	1점 × ( )개		총점 / 5 = ( )
	2점 × ( )개		
	3점 × ( )개		
	4점 × ( )개		
	5점 × ( )개		
기초외국어능력	1점 × ( )개		총점 / 5 = ( )
	2점 × ( )개		
	3점 × ( )개		
	4점 × ( )개		
	5점 × ( )개		

3. 평가결과

진단방법에 따라 자신의 수준을 진단한 후, 모듈별 평균점수가 3점 이상일 때는 우수한 편이며 3점 미만일 때는 평가수준이 부족한 편이므로 학습자는 학습내용을 교재에서 참고하여 학습한다.

참고문헌

구현정・전영옥(2007). 의사소통의 기법. 서울 : 박이정.

권석만(2009). 긍정심리학. 서울 : 학지사.

김연아(2010). 김연아의 7분드라마. 서울 : 중앙출판사.

김은영(2015). 인간관계의 이해와 적응. 서울 : 동문사.

김주환(2011). 회복탄력성. 경기 : 위즈덤하우스.

김현정(2021). 말투에도 연습이 필요합니다. 서울 : 슬로디미디어.

로버트 제누아(2014). 당신의 입을 다스려라. 서울 : 바다출판사.

마인드비전연구회(2003). 함께 나누는 마인드 비전. 서울 : 우리교육.

박대령(2016). 사람의 마음을 얻는 심리대화법. 서울 : 대림북스.

박지성(2006). 멈추지 않는 도전. 서울 : 랜덤하우스코리아.

박태환(2012). 프리스타일 히어로. 서울 : 중앙북스.

방영황・박세용(2017). How to NCS 자소서 & 면접. 서울 : 에듀윌.

방재현(2011). 비언어적 커뮤니케니션의 시각메시지 표현연구. 메시지의 신체표현에 의한 포스터 제작. 성균관대학교 대학원 석사학위논문.

배상복(2016). 일반인을 위한 글쓰기 정석. 서울 : 경향미디어.

보건복지부(2013). 어린이집 표준보육과정에 기초한 영아보육프로그램 운영의 이해. 서울 : 보건복지부.

브랜던 로얄(2015). 탄탄한 문장력. 서울 : 카시오페아.

사쿠라이 히로시(2015). 직장인의 말 공부. 서울 : 도서출판 예문.

샌프란시스코 작가집단 GROTTO(2013). 글쓰기 좋은 질문 642. 서울 : 큐리어스.

서울특별시교육연수원(2016). 2016 공문서 작성실무 표준교재.

서혜석・김영혜・강희양・이 난(2017). 의사소통과 대인관계. 경기 : 정민사.

심재우(2004). GE처럼 커뮤니케이션하라. 서울 : 일빛.

앨리슨 그린(2019). 직장인의 말연습. 서울 : 빌리버튼.

오시마 도모히데(2007). 논리적으로 말하는 기술. 서울 : 행담출판.

우지은(2015). 우지은의 스피치 시크릿 21. 서울 : 퍼플카우.

윌리엄 장(2009). 사람들의 머리와 가슴에 확 꽂히는 말. 서울 : 도서출판 무한.

윤영돈(2015). 기획서 마스터. 서울 : 새로운 제안.

윤종혁 · 해커스취업교육연구소(2017). 해커스 스펙을 뒤집는 자소서. 서울 : 챔프스터디.

윤치영(2013). 마음을 움직이는 따뜻한 대화법. 서울 : 시그널북스.

이경순 · 이미경 · 김경희(2012). A to Z 인간관계와 의사소통. 서울 : 현문사.

이기주(2017). 말의 품격. 서울 : 황소북스.

이서영(2014). 예스를 이끌어내는 설득대화법 52. 서울 : 원앤원북스.

이송이 · 심태운(2014). 3STEP. 리더십. 서울 : 정민사.

이주리(2020). 당당하게 말하지만 상처주지 않는 말의 결. 서울 : 밀리언서재.

이해선 · 김은미(2014). 인성과 자기계발. 서울 : 정민사.

정명실 · 김정숙 · 위 희(2015). 인간관계와 의사소통 워크북. 서울 : 성신여자대학교출판부.

제프리 제임스(2014). 왜 회사에서는 이상한 사람이 승진할까?. 서울 : 비지니스북스.

조경덕 · 장성화(2012). 대인관계와 커뮤니케이션. 서울 : 동문사.

천호림(2014). 대화의 비밀. 서울 : 맛있는책.

최광선(1996). 그 마음이 알고 싶다. 서울 : 새길.

최세영 · 한주빈 · 오봉욱(2017). 대인관계기술 향상을 위한 인간관계론. 경기 : 정민사.

최애경 · 송연숙(2017). 의사소통능력. 경기 : 지식공동체.

최애경 · 좌승화 · 최진원 · 송연숙(2018). 영유아운영관리. 서울 : 도서출판 파란마음.

취업뽀개기 편집위원회(2010). 면접 상식사전. 서울 : 도서출판 길벗.

한국산업인력공단(2016a). 의사소통능력 교수자용 매뉴얼. 서울 : 한국산업인력공단.

______________(2016b). 의사소통능력 학습자용 워크북. 서울 : 한국산업인력공단.

한국 MBTI 연구소(2002). MBTI 전문자격교육 보수과정 자료집.

행정안전부(2020). 행정업무운영편람. 서울 : 행정안전부.

히가시야마 히로히사. 이규조 역(2008). 듣기의 힘. 서울 : 도서출판 모색.

히로시 모토아키(2010). 심리학노트에 나를 쓰다. 서울 : 이젠.

저/자/약/력

■ **최애경**
부산대학교 대학원 유아교육 전공(교육학석사)
부산대학교 대학원 유아교육 전공(박사수료)
부산대학교 대학원 특수교육 전공(교육학박사)
현 부산과학기술대학교 사회복지과 교수

의사소통능력
새내기 직장인의 이럴 때는 이렇게!

|저자| 최애경

|1판 1쇄| 발행 2023년 2월 25일
|1판 2쇄| 발행 2024년 3월 15일

|발행인| 김 동 훈
|발행처| 공 동 체

|주소| 경기도 고양시 일산동구 호수로 358-39, 동문타워 I 905호(백석동)
|전화| 031) 814-3000(대표)
|팩스| 031) 814-3100
|홈페이지| http://www.compub.co.kr
|전자우편| compub@naver.com
|출판등록| 2005년 10월 6일
|등록번호| 제396-2005-36호

|ISBN| 979-11-6725-277-7
정가 17,000원

Memo

Memo